믿음의 완성이 되신 예수를 묵상하며

믿음은
그런
것이다

믿음은 그런 것이다

저자 송태근

1판 1쇄 발행 2010. 5. 31. | 1판 8쇄 발행 2019. 5. 11. | **발행처 포이에마** | **발행인 고세규** | **등록번호** 제300-2006-190호 | **등록일자** 2006. 10. 16. | 서울특별시 종로구 북촌로 63-3 우편번호 03052 | 마케팅부 02)8668-3260, 편집부 02)730-8648, 팩스 02)745-4827

값은 뒤표지에 있습니다. ISBN 978-89-93474-31-2 03230 | **독자의견 전화** 02)730-8648 | **이메일** masterpiece@poiema.co.kr | 좋은 독자가 좋은 책을 만듭니다. | 포이에마는 독자 여러분의 의견에 항상 귀를 기울이고 있습니다.

온전한 삶 시리즈
믿음의 본질
01

faith

신념과 맹신과 광신의 차이를 말하다!

믿음은 그런 것이다

송태근 지음

포이에마
POIEMA

믿음은 바라는 것들의 실상이요
보이지 않는 것들의 증거니
선진들이 이로써 증거를 얻었느니라.

히브리서 11:1–2

고 난 이 빚 어 낸 보 석

나의 오랜 친구이자 하나님나라를 함께 만들어갈 동역자, 송태근 목사의 저서를 추천하게 되어 무척 기쁩니다. 특히 이 책은 믿음으로 사는 삶의 본보기를 보여주는 것이어서 제 마음이 더욱 설렙니다. 독자들이 이 책을 통해 '하나님에 대한 믿음'이 더욱 성장하기를 기도합니다.

"자신이 쓴 책처럼 사는 저자가 있다면, 그 사람은 이미 성공한 것이다" 라는 격언을 들었을 때, 친구인 송 목사가 생각났습니다. 자신이 설교한 내용에 가까이 가고자 몸부림치는 사람이기 때문입니다. 이러한 성품은 사실 그가 많은 고난에 뿌리 두고 있었음을 말하고 싶습니다.

어려운 형편으로 면학의 기회를 놓치고, 여러 일을 전전하며 주경야독의 삶을 살아야 했던 그가 많은 목회자 앞에서 행한 어느 설교에서 자신의 성장기를 담담하게 이야기한 적이 있었는데, 그때 묵직한 충격과 함께 말할 수 없는 감동을 받았습니다. 저 역시도 그가 고난을 말하고, 고난이 주는 놀라운 은혜를 설명했을 때, 친구인 그가 존경스러워 보이기까지 했습니다.

그의 설교가 깊은 울림을 주는 이유는 여기에 있습니다. 고난의 경험을 자신 있게 선포하고, 매일의 삶에서 고난 중에 받은 은혜를 기억하며, 자신의 삶과 목회의 여러 부분을 끊임없이 살피는 것입니다.

그래서 이 책을 읽는 독자들에게 꼭 당부하고 싶습니다. 표면적인 은혜에 만족하지 마시고, 책 곳곳에 숨어 있는 그의 고난에 동참하시기를 부탁드립니다. 그래서 머리로만 이해하는 독서가 아니라 여러분의 삶으로 빚어내는, 현실이 되는 독서가 되기를 바랍니다.

사랑의교회 담임목사

오정현

이 것 이   바 로   믿 음 이 다 !

안식년 기간 동안, 송태근 목사님이 분당우리교회 강단을 한 달 정도 섬겨주신 적이 있습니다. 그때 아내가 장난기 가득한 얼굴로 저에게 이렇게 말했습니다. "당신, 송태근 목사님 같은 명설교가에게 한 달이나 강단을 맡기면, 돌아가서 설교를 어떻게 하려고 그래요?" 저 역시 그런 생각이 없지 않았기에 아내의 농담에 크게 웃었던 기억이 납니다.

송태근 목사님 설교에는 군더더기가 없습니다. 그 흔한 예화도 설교 중에 잘 등장하지 않습니다. 정신을 똑바로 차리고 듣지 않으면, 논리의 고리를 놓쳐버려 한참을 헤맨 후 다시 돌아와야 할 때도 있습니다. 신학교에서나 들을 수 있는 딱딱하고 어려운 용어들과 원어의 어휘들까지 아무렇지도 않게 사용하십니다. 우리 교회에 오셔서 하셨던 설교에도 본문 여기를 찾아라, 저기를 찾아라, 손가락으로 눌러놔라 등 분부에 따라 열심히 성경을 뒤적여야 했습니다.

그런데 참 신기한 것은 송 목사님 설교에는 마력(매력이 아닙니다)이 있다는 것입니다. 그 마력은 송 목사님의 '말씀에 대한 헌신'입니다. 제가 아는 범위 내에서 송 목사님만큼 본문과 힘겨운 씨름을 하는 설교자가 없습니다. 본문과 이토록 씨름하기 위해 때에 따라 사역의 다른 부분의 순위까지 과감하게 조정하신다고 들었습니다. 신학생들이 가장 환호하고 열광하는 설교자 중 한 사람, CBS〈성서학당〉의 인기 강사 등의 수식이 괜히 만들어진 것은 아닐 겁니다.

언제나 들어왔던 말, 그래서 가끔은 식상하게 들리는 말이지만 막상 정리하려면 막연하기만 한 주제인 '믿음'에 관해 명쾌한 책이 나왔다는 것은 반가운 일입니다. 이 책을 통해 우리 믿음이 왜 성장하지 않는지, 왜 금방 식어버리는지, 왜 쉽게 허약해지는지 정밀하게 진단하고, 큰 발전을 이루게 되기를 바랍니다.

분당우리교회 담임목사

이찬수

차 례

들어가는 말 ... 12

01... 믿음으로 드리는 예배 ... 19
믿음과 라이프스타일_ '아벨의 제사'엔 뭔가 특별한 것이 있다?

02... 믿음으로 다시 일어서기 ... 35
믿음과 책임_ 하나님과 동행했던 에녹의 일생

03... 영원한 소망을 보는 믿음 ... 49
믿음과 자기이해_ 노아의 방주, 구원의 또다른 이름

04... 언제든 떠날 수 있는 믿음 ... 65
믿음과 미래_ 아브라함의 거룩한 나침반

05... 끝끝내 승리하는 믿음 ... 81
믿음과 기도_ 기적을 만들어낸 교회의 기도

06... 하나님을 감동시키는 믿음 ... 97
믿음과 기적_ 하나님을 경험하는 삶

07... 믿음으로 하나님께 다가가기 ... 113
믿음과 대적_ 선한 바나바의 담대한 선포

08... 믿음으로 다시 돌이키다 ... 129

믿음과 동행_ 끝끝내 하나님께 설득 당한 바울

09... 순전하고 충성된 종의 믿음 ... 143

믿음과 약함_ 나약한 여인을 통한 하나님의 계획

10... 벼랑 끝에 서는 믿음 ... 155

믿음과 역설_ 환난 중에 바울의 입술에선 찬양이 나왔다

11... 믿음으로 다시 살아나다 ... 171

믿음과 반전_ 유두고를 통해 맛본 부활의 기쁨

12... 믿음으로 고통을 이겨내다 ... 181

믿음과 역경_ 하나님이 고난을 주시는 이유

13... 믿음으로 하나님을 제대로 알다 ... 193

믿음과 능력_ 하나님 심정 헤아리기

나가는 말 ... 204

믿 음 은 신 념 도 맹 신 도 광 신 도 아 닙 니 다

사람은 물질적으로 부해지거나 높은 직위에 오르는 것으로 사는 게 아니라, 창조주이자 구원자, 그리고 심판자이신 하나님을 믿음으로 살 수 있습니다. 믿음은 인간을 영원한 생명과 진리, 의의 원천이신 하나님과 연결시키는 유일한 접착제이기 때문입니다. 그런데 문제는 이 믿음이라는 것은 기원도 구조도, 그리고 이 세계 안으로 들어온 이후의 여정도 간단하게 설명되지 않는다는 것입니다.

　그래서인지 화끈한 것을 좋아하는 한국 사람의 입맛에 맞게 믿음은 가끔씩 왜곡되기도 합니다. "안 되면 되게 하라!", "간절히 원하면 주신다!", "성경대로 믿자!"가 대표적인 구호이지요. 너무나 당연한 듯 보이는 구호이지만, 이때 '성경대로'는 한 마디로 정리될 수 없는, 자세한 설명이 필요한 특수 언어임을 우리는 알아야 합니다.

성경이 말하는 믿음은, 내가 원하는 결과를 이끌어내기 위한 나의 단호함(신념)이나, 어떤 목적에 맞춰진 과도한 동의(맹신), 혹은 믿음이 요구하는 인격적 요소 앞에서 눈을 질끈 감아버린 양상(광신)이 아닙니다.

성경을 전체 흐름에 맞게 읽다보면, 믿음에 관해 우리가 크게 오해하고 있음을 어렵지 않게 알 수 있습니다.

성경은 '믿음'이란 말을 중의적인 뜻으로 설명합니다.

첫 번째로 믿음은, 하나님이 구원의 은혜와 함께 우리에게 주시는 선물임과 동시에 하나님께 반응하는 우리의 표현이기도 합니다. 두 번째로 믿음은, 그 자체만으로는 구원이나 의를 획득하는 수단이 될 수 없다는 면에서 철저히 통로적이고 도구적이지만, 동시에 이것 없이는 하나님께 나아갈 수도, 기쁨을 드릴 수도 없습니다.

이런 '신비한 실재'라는 면에서 우리는 믿음의 유무에 대해 숨을 멈추고 자신을 돌아보아야 합니다. 그런가 하면 믿음은 신비롭고 추상적이지만, 그 신비롭고 추상적인 것이 우리 삶 속에 녹아들면 두 눈으로 똑똑히 볼 수 있는 현실이 됩니다. 그러므로 믿음은 우리를 이만저만 긴장시키는 성경적 현상이 아닐 수 없습니다.

그래서 우리는 때때로 '절박함' 때문에 믿음의 여러 부분을 무시하거나, 틀에 박힌 설교에 세뇌되어 '믿음' 그 자체를 왜곡하며 살아왔습니다.

저는 그런 삶을 반성하는 기회로, 여러 차례 교회 강단 위에서 성경이 말하는 믿음과 우리가 알고 있는 믿음의 차이를 히브리서와 사도행전을 통해서 건드려보는 모험을 감행했습니다. 말씀을 전했던 저나, 말씀을 들었던 강남교회 교우들이 누린 은혜는 적지 않았습니다. 설교는 확실히 사람의 입에서 나온 말이지만, 하나님이 들어 쓰실 때 '복스데이 *voxdei* (하나님의 음성)가 되는 것을 체험하는 귀한 시간이었습니다.

그 시간을 다시 책으로 만들어 타교회 성도들과도 은혜를 나누게 되어 기쁘고 감사하고 송구한 마음이 가득합니다. 이 책이 믿음운동(faith works, 믿기만 하면 만사형통!) 진영과 그 정반대의 입장인 무미건조한 말씀운동 등 모두로부터 외면을 당한다 해도, 성경이 말씀하는 바른 의미에서의 믿음을 전한다면 이보다 더 큰 은혜는 없을 것입니다. 이 책이 바른 구원의 통로가 되기를 바랍니다.

하나님 하신 일에 대한 우리의 인격적인 반응이기도 한 믿음은 하나님의 선물이자 우리의 신뢰이고, 하나님의 성품을 드러내는 우리의 성격인 동시에 의지력이기도 합니다. 이 책을 통해 바른 믿음을 알고자 하는 소망함이 우리의 마음에 자리 잡을 수 있다면 참 좋겠습니다.

부족한 사람의 턱없는 묵상을 읽기 좋은 책으로 만들어 주신 사랑하는 동생이자 동역자인 김성웅 목사님과 포이에마 편집부 식구들에게 감사의 뜻을 전합니다.

2010년 5월

송태근

01_ 민음으로 드리는 예배

믿음과 라이프스타일: '아벨의 제사'엔 뭔가 특별한 것이 있다?

히브리서 11:4

믿음으로 아벨은 가인보다 더 나은 제사를 하나님께 드림으로 의로운 자라 하시는 증거를 얻었으니 하나님이 그 예물에 대하여 증언하심이라. 그가 죽었으니 그 믿음으로써 오히려 말하느니라.

하나님은 제물의 많고
적음, 좋고 나쁨만을 보신
것이 아니라 제물을 드리는
인격 전체, 그 자체를
모두 보신다는 의미입니다.
이것이 믿음으로 드리는
예배의 정의입니다.

히브리서 11장은 굳건한 믿음으로 인생을 살 았던 성경 속 수많은 인물들을 전시해놓은 '명예의 전당'이라 할 수 있습니다. 이 전당에 등장하는 첫 번째 인물은 아벨입니다. 성경은 "믿음으로 아벨은 가인보다 더 나은 제사를 드렸다"고 말하고 있습니다. 제사를 요즘 말로 풀면 '예배'입니다. 결론부터 말하자면 믿음으로 사는 첫 번째 표지는 예배의 성공입니다.

어떤 예배를 드렸기에 아벨은 믿음에서만큼은 우리에게 등대와 같은 역할을 하는 걸까요? 창세기 4장에 나오는 예배의 현장을 살펴봅시다. 인류가 하나님 앞에 최초의 예배를 드리는 광경을 기록한 대목입니다.

아담이 그의 아내 하와와 동침하매 하와가 임신하여 가인을 낳고 이르되 내가 여호와로 말미암아 득남하였다 하니라. 그가 또 가인의 아우 아벨을 낳았는데 아벨은 양치는 자였고 가인은 농사하는 자였더라. 세월이 지난 후에 가인은 땅의 소산으로 제물을 삼아 여호와께 드렸고 아벨은 자기도 양의 첫 새끼와 그 기름으로 드렸더니 여호와께서 아벨과 그의 제물은 받으셨으나 가인과 그의 제물은 받지 아니하신지라. 가인이 몹시 분하여 안색이 변하니 여호와께서 가인에게 이르시되 네가 분하여 함은 어찌 됨이며 안색이 변함은 어찌 됨이냐. 네가 선을 행하면 어찌 낯을 들지 못하겠느냐. 선을 행하지 아니하면 죄가 문에 엎드려 있느니라. 죄가 너를 원하나 너는 죄를 다스릴지니라(창 4:1-7).

이것은 중요한 역사의 현장입니다. 우리는 이 본문에 대해 수십 차례의 설교를 들었고, 성경공부를 해왔습니다. 하지만 저는 지금까지 들어온 전통적 해석을 잠시 뒤로 물려 놓을 것입니다. 누가 어떤 해석을 했느냐 하는 것은 중요하지 않습니다. 중요한 것은 성경 자체가 어떻게 말하고 있느냐 하는 것입니다. 우리는 순수하게 성경만을 놓고 보아야 합니다. 먼저, 아벨의 제사는 어떤 제사였고 가인의 제사는 어떤 제사였으며, 왜 아벨의 제사는 받아들여졌고 가인의 제사는 거절되었는지, 성경이 어떻게 증언하는지 살펴보겠습니다.

　우선 성경의 객관적이고 역사문법적인 정보는 이렇습니 농산물이냐
다. 가인은 농사하는 자였고, 아벨은 양치는 자였습니다. 양이냐
어느 날 두 사람이 하나님 앞에 제사를 드렸습니다. 당연히
가인은 농산물로 제사를 드렸고, 아벨은 양으로 제사를 드
렸습니다. 그런데 가인의 제사는 거절되었고 아벨의 제사
는 기쁘게 받아들여졌습니다. 그렇다면 "동물의 피를 흘려
희생적인 제사를 드려야 하는데 가인은 피 흘리는 희생이
없는 제사를 드렸기 때문에 하나님께서 받지 않으셨고, 아
벨은 피 흘림 있는 제사를 드렸기에 하나님이 기뻐 받으셨
다"로 해석할 수 있을까요? 이런 낡은 해석이 과연 타당한
것인지 살펴봅시다.

　먼저 스스로에게 이런 질문을 해봅시다. 하나님은 직업
을 차별하십니까? 혹은 농사짓는 사람이 농작물로 제물을
삼는 게 이상합니까? 아니면, 양을 돌보는 사람이 양을 제
물로 드리는 것은 특별히 잘하는 일일까요? "그렇지 않다"
고 우리는 단호하게 말할 수 있습니다. 그렇다면 전통적인
해석에 따라 피가 있고 없고의 차이가 제사를 받아주거나
거절하는 기준이 될 수 없습니다. 만약 그것이 기준이 된다

면 하나님은 직업을 차별하는 분이 됩니다. 제사를 드리기 위해 피를 이용해야 한다면 모든 사람이 양치기, 혹은 사냥꾼이 되어야 할 것입니다.

> 세월이 지난 후에 가인은 땅의 소산으로 제물을 삼아 여호와께 드렸고(창 4:3).

세월이 지난 후에 이 짧은 구절에 놓쳐서는 안 될 문구는 "세월이 지난 후에"입니다. 이것을 놓치면 이 제사의 성격을 바르게 해석할 수 없습니다. '세월이 지난 후에'라고 번역한 한글성경은 '막연히 어느 정도 시간이 흐른 후'라는 뉘앙스를 풍깁니다. 그러나 원문을 보면 '특정 절기(수확기)가 끝난 후'라고 기간을 정확히 제시합니다. 이것은 들판에서 양치는 일이 끝나고, 가을걷이가 끝난 후라는 뜻입니다. 그러므로 막연한 기간이 흐른 후가 아니라 길게 봐야 1년이 넘지 않는, '농사의 절기나 양치는 절기가 지난 후에'라는 뜻입니다. '세월이 지난 후에'가 이런 뜻이라면, 이 제사가 희생제사가 아니라는 것이 분명해집니다. 이것은 감사제사입니다. 속건제, 번제 등 희생물을 잡아서 규칙대로 드리는 제사는 모세 시대 이후에 들어온 것입니다. 가인과 아벨의 때는 그 이전 시대입니다. 그때는 제사에 대한 규례가 없었습니다. 자연계시, 그리고 (아담과 하와를 통한) 말씀을 통한 감사의 제사가 있었을 뿐입니다. 그렇기 때문에 이 제사는 수확의 한 절기, 혹은 목축의 한 절기가 지난 후에 드려야 하고, 반드시 감사제사여야 옳습니다.

그렇다면 하나님께서 가인의 제사를 거절하시고 아벨의 제사를 기쁘게 받아주신 이유는 제물, 그 자체에 있는 게 아니라 제물을 드리는 태도에 있다는 결론을 내릴 수 있습니다.

성경은 가인과 아벨, 두 사람의 예배드리는 태도를 의도 예배의 태도 적으로 구분해놓았습니다. "가인은 땅의 소산으로 제물을 삼아 여호와께 드렸고"라는 3절의 말씀은 세밀하게 보지 않으면 가인과 아벨의 차이를 알 수 없습니다. 하지만 3절과 4절을 비교하면 예물을 드리는 가인과 아벨의 태도가 확연하게 다르다는 것을 알 수 있습니다. 4절에서 아벨은 양의 첫 새끼를 드렸다고 소상히 밝히고 있습니다.

첫 새끼는 무엇을 의미합니까? 성경 전체를 볼 때 첫 새끼는 하나님의 것으로 구별되고 있습니다. 즉, 첫 새끼는

만물이 하나님의 것임을 압축해서 나타내는 상징입니다. 따라서 첫 새끼를 드렸다는 것은 일상 속에서 하나님을 향한 아벨의 고백과 행위, 그리고 태도를 엿볼 수 있는 척도입니다. 아벨은 양이 새끼를 낳을 때마다 생명의 탄생을 무한히 경이로워하면서 생명이 하나님의 것이라는 사실을 마음에 새겼습니다. 이런 생각으로 첫 새끼를 하나님께 드리려고 구별해놓은 것입니다.

예배와 삶

그러므로 아벨의 예배는 단순히 형식을 갖춘 제의祭儀가 아니라 그의 삶, 존재, 행동양식 전체를 엿볼 수 있는 하나의 창window입니다. 어른들이 자식을 야단칠 때, 흔히 "하나를 보면 열을 안다"는 말씀을 하십니다. 어떤 행위 하나에도 가치가 담겨 있기 때문에 그것을 통해 그 사람의 생활을 엿볼 수 있습니다. '친구를 보면 그 사람을 안다'는 말도 비슷한 예입니다. 친구를 선택하는 기준과 교유交遊는 중요한 가치가 담긴 행동이기 때문에 한 사람의 됨됨이를 드러냅니다. 우리는 '안 봐도 비디오'라는 말을 종종 씁니다. 아벨의 예배 태도만으로도 이 사람의 삶 자체가 비디오를 본 것처럼 여실히 드러납니다. 직접 보지 않아도 아벨의 태도를 본 듯이 알 수 있습니다.

아벨을 알 수 있는 표본은 첫 새끼뿐만이 아닙니다. "그 기름으로 드렸더니"라는 구절을 보십시오. 이것 역시 약간의 해설이 필요합니다. 히브리어로 '기름으로 드렸다'는 말은 '최상품, 가장 좋은 것으로 드렸다'는 뜻입니다. 이것은 아벨이 하나님을 향한 고백을 일상의 중심으로 여기며 살았다는 증거입니다.

이제 가인을 아벨과 비교해보겠습니다. "세월이 지난 후에 가인은 땅에 소산으로 제물을 삼아 여호와께 드렸고"라는 구절을 봅시다. 가인은 제사의 형식을 갖췄습니까? 그렇습니다. 하지만 여기에는 아벨과 다른 점이 있었습니다. 5절에 보면 "가인과 그의 제물은 받지 아니하신지라"고 되어 있습니다. 가인의 존재 자체가 제물과 함께 거절됐습니다. "아벨은 자기도 양의 첫 새끼와 그 기름으로 드렸더니 하나님께서 아벨과 그의 제물은 받으셨으나"라는 4절의 말씀을 봅시다. 아벨의 경우에는 하나님께서 아벨의 존재 자체를 기뻐받으셨습니다. 이게 무슨 뜻일까요? 하나님은 제물의 많고 적음, 좋고 나쁨만을 보신 것이 아니라 제물을 드리는 인격 전체를 모두 보신다는 의미입니다. 이것이 믿음으로 드리는 예배의 정의입니다.

화 있을진저 이 사람들이여, 가인의 길에 행하였으며 삯을
위하여 발람의 어그러진 길로 몰려갔으며 고라의 패역을 좇
아 멸망을 받았도다(유 1:11).

누구에게 화를 선언합니까? 가인의 길로 행한 사람들입
니다. 가인의 길에 행했다는 것은 가인의 삶의 방식을 따르
는 사람들이라는 뜻입니다.

가인같이 하지 말라. 저는 악한 자에게 속하여 그 아우를 죽
였으니 어떤 이유로 죽였느냐. 자기의 행위는 악하고 그의
아우의 행위는 의로움이라(요일 3:12).

**예배의
본론**　믿음으로 예배를 드린다는 것은 일상 속에서 하나님께
합당한 행위를 하기 위해 매일 나 자신과 싸우는 것입니다.
주일에 예배당에서 드리는 예배는 예배의 서론, 또는 결론
에 불과합니다. 예배당 문을 나서는 순간부터가 예배의 본
론인 것입니다. 예배에는 두 가지가 있습니다. 눈에 보이는
예배와 삶이라는 더 큰 형식으로 드리는 예배입니다.

바울의 유언장이라고도 할 수 있는 디모데후서의 4장 6절

을 보면 "관제와 같이 내가 부음이 되고"라는 고백이 있습니다. 개역개정판에는 '전제와 같이 내가 벌써 부서지고'라고 번역되어 있습니다. '관제'와 '전제'는 제사를 말합니다. 다메섹 언덕에서 하나님을 만나 그의 종이 된 뒤부터, 감옥에 갇혀 죽기 전까지 바울은 자신의 일생을 딱 한마디로 '제사'라고 표현했습니다. 이것은 자신의 삶 전체가 예배라고 정의한 것입니다. 바울의 이런 고백은 우리가 뿌리 뽑아야 할 오류가 무엇인지 보여줍니다. 그것은 세상으로 나가면 세상 일이고, 교회 안으로 들어오면 하나님의 일이라는 식의 사고방식, 바로 중세 수도원에서 나온 이분법 사고입니다.

참된 예배는 어디서 드리는 예배일까요? 형식을 갖춘 공적인 예배가 교회당 안에서의 예배라면 예배당 문밖을 나서면서 드리는 것은 생활 예배입니다. 그렇다면 참된 예배자의 도리는 이 두 예배를 모두 소중히 드리는 것입니다. 바로 이 부분에 가인과 아벨의 제사에서 거절과 열납의 비밀이 숨어 있었던 것입니다. ^{생활 예배}

그러므로 형제들아 내가 하나님의 모든 자비하심으로 너희를 권하노니 너희 몸을 하나님이 기뻐하시는 거룩한 산 제물로 드리라. 이는 너희가 드릴 영적 예배니라(롬 12:1).

몸으로 드리는 예배 우리가 드릴 예배는 영적 예배입니다. 이 영적 예배는 우리의 '몸'을 드리는 예배입니다. 가인은 몸으로 드리는 예배에 실패한 것입니다. 몸으로 예배를 드린다는 것은 무슨 뜻일까요? 그 답을 찾기 위해 우선 이 질문에 답해보십시오. 세상에서 가장 멀고 긴 여행이 무엇일까요? 바로 머리에서 가슴까지 오는 여행입니다. 그렇다면 그다음으로 길고 험한 여행은 무엇일까요? 가슴에서 발까지 가는 여정입니다.

세상 사람들이 예수 믿는 사람들을 향해 자주 쓰는 조롱하는 말이 있습니다. "저들은 말만 잘해. 입만 천국에 갈 거야!" 그것은 우리가 말은 잘하는데 말한 대로 살지 않더라는 속뜻을 품고 있습니다. 가슴에서 발까지의 여정은 생각하고 말한 것을 행동으로 옮기는 일이며, 오늘날 우리가 가장 실천하기 어려운 것입니다. 가슴에서 발로 가는 여정을 제대로 실천하는 일이 곧 몸으로 드리는 예배의 열쇠입니다.

결론적으로 몸으로 드리는 영적 예배는 삶의 중심과 현장이 전체적으로 드려지는 예배입니다. 이것이 믿음으로 드리는 예배입니다. 우리가 주일에 모여 드리는 공적인 예배는 이 영적 예배를 주목하게 하는 서론입니다. 달력을 보면 일요일이 주말이 아니라 한 주간이 시작되는 첫날입니다. 그날 예배를 드리는 것은, 예배가 일주일 삶의 서론이기 때문입니다. 예배당을 나서는 그 순간부터 예배의 본론을 시작해야 합니다. 양을 치는 생업의 현장에서 아벨은 이러한 정신과 고백을 행동으로 옮겼기 때문에 첫 새끼와 기름진 것을 드리는 형식을 갖춘 것입니다. 그러므로 아벨은 형식에만 치우친 예배자가 아닙니다. 우리는 그 형식에 하나님을 향한 온전한 마음과 행동이 담겨져 있다는 것을 기억해야 합니다. 그럴 때에만 예배가 예배자와 함께 온전히 하나님께 열납되는 것입니다.

예배시간마다 감격을 맛보는 성도가 있고, 매주 와도 별다른 은혜를 느끼지 못하는 사람이 있습니다. 무엇이 이런 차이를 만들까요?

전쟁이 벌어진 상황을 예로 들어보겠습니다. 적군과 치열한 격전을 치렀습니다. 상당한 부상을 입고 싸우다가 살아남았습니다. 본대로 복귀해서 전우를 만났습니다. "너 살았구나!" "너 어떻게 살았니?" 하며 감격의 눈물을 흘릴 것입니다. 이것이 바로 우리의 공적인 예배입니다. 주일마다 이것을 확인해야 합니다. 세상은 격전지요 고해苦海이기에 여기서 살아 돌아온 전우를 보면 감격이 들끓는 것입니다. 예배에서 만난 형제자매는, 같은 철학과 고백을 가지고 오직 대장되시는 예수 그리스도를 쫓아온 동지들인 것입니다. 그래서 우리는 서로를 미워하거나 험담할 수 없습니다. 진짜 생사를 걸고 싸우고 온 병사들끼리는 주일에 다른 이야기를 할 수 없습니다. 그저 서로 격려하고 위로하는 일 외엔 아무것도 할 수 없습니다.

아벨이
드린
제사

우리는 예배와 말씀으로 힘을 얻어 치료 받아야 합니다. 그리고 나서야 다시 예배의 본론, 세상 속으로 나아갈 수 있습니다. 아벨의 제사는 바로 이러한 특성을 보여줍니다. 우리는 아벨과 동일한 믿음으로 바른 예배를 드려, 예배와 함께 모든 인격과 활동이 하나님께 기쁘게 받아들여지는 값진 일상의 예배자가 되어야 합니다.

1. 나의 예배를 평가한다면, 0-10점 사이에서 몇 점 정도를 줄 수
   있습니까?

2. 아벨이 보여준 모범을 따라 생각할 때, 믿음으로 드리는 바른 예배는 무
   엇입니까? 바른 예배를 방해하는 가장 큰 요소는 무엇입니까?

3. '세월이 흐른 후에'라는 표현의 더 깊은 의미는 무엇입니까?

4. 아벨이 양의 첫 새끼와 기름을 드렸다는 말은 그의 삶에서 어떤 내면을
   엿보게 합니까?

5. 가인이 드린 예배의 문제점은 무엇이었습니까? 내 예배에 어느덧 침투
   해 있는 가인의 예배 같은 요소가 있습니까?

박영선의 《믿음의 본질》을 권합니다. 경쾌한 필치로 써내려간 이
책은 기막힌 예화와 비유 속에서 우리가 붙들고 있던 허상들을 폭
로하고 분쇄합니다. 미국의 개혁주의 신학자인 그레셤 메이첸Gresham
Machen의 《신앙이란 무엇인가What is faith?》도 읽어보십시오. 성경적 믿
음의 관점을 깊이 있게 정리할 수 있습니다. 고 김홍전 박사의 《예배란 무
엇인가》도 좋은 책입니다. 감정에 치우치기 쉬운 청년예배를 새롭게 리모
델링할 수 있는 근거를 제시하는 책입니다.

02_ 믿음으로 다시 일어서기

믿음과 책임: 하나님과 동행했던 에녹의 일생

히브리서 11:5-6

믿음으로 에녹은 죽음을 보지 않고 옮겨졌으니 하나님이 그를 옮기심으로 다시 보이지 아니하였느니라. 그는 옮겨지기 전에 하나님을 기쁘시게 하는 자라 하는 증거를 받았느니라. 믿음이 없이는 하나님을 기쁘시게 하지 못하나니, 하나님께 나아가는 자는 반드시 그가 계신 것과 또한 그가 자기를 찾는 자들에게 상주시는 이심을 믿어야 할지니라.

하나님이 그 삶에 동행하
기 때문입니다. 우리가
힘에 겨워 허덕일 때마다
하나님은 힘을 주십니다.
하나님이 시작하신 일이기
때문에 우리는 절대 나약
해질 수 없는 존재입니다.

———— 성경은 에녹을 '죽음을 보지 않은 인물'이라
소개합니다. 그가 어떤 사람이기에 죽음을 보지 않은 인물
이라 칭송받았을까요?

그 뜻을 살펴보기 전에 먼저 다뤄야 할 문제가 있습니다.
성경이 그를 믿음으로 살았다고 한 부분입니다. 그렇다면
이 믿음은 무엇을 의미하는 걸까요? '믿음이 좋은 사람'이
라고 할 때, 우리는 보통 주일성수를 잘 지키고, 헌금과 십
일조를 잘 내며, 눈물로 기도하는 사람을 떠올립니다.

하지만 그것만으로 믿음 좋은 사람을 설명하기에는 어딘
가 모르게 의문점이 생깁니다. 그 의문을 풀기 위해 믿음으
로 살았던 에녹이 어떤 삶을 살았는지 살펴보겠습니다. 이
것은 곧 믿음의 본질을 추출하는 지름길입니다. 믿음으로
산 에녹을, 죽음을 보지 않고 옮겨졌다고 표현합니다. 5절
에는 '옮겨졌다'는 의미의 말이 세 번이나 반복됩니다. 글
을 잘 쓰는 사람은 같은 말을 반복하지 않지만, 강조할 때

는 예외입니다. 재미있는 것은 강조하기 위해 반복한 '옮겨졌다'가 수동태라는 사실입니다.

믿음
주도권 여기에서 믿음의 실마리를 찾을 수 있습니다. 우선 수동태로 된 '옮겨졌다'의 반복은 에녹의 믿음에 대한 주도권이 에녹 자신이 아니라 하나님께 있다는 증거입니다.

> 에녹은 육십오 세에 므두셀라를 낳았고 므두셀라를 낳은 후 삼백 년을 하나님과 동행하며 자녀들을 낳았으며 그는 삼백 육십오 세를 살았더라(창 5:21-22).

이 말씀에는 에녹이 등장하지만 어떻게 믿음으로 살았는지, 또 어떻게 하나님과 동행하게 되었는지 하는 구체적인 내용이 없습니다. 이것만으로는 에녹의 믿음을 짐작할 수 없습니다. 그렇다면 이 말씀을 어떻게 믿음과 연결해서 풀 수 있을까요?

잠시 창조 시대로 돌아가보겠습니다. 하나님께서 천지만물을 지으신 후에 아담에게 동물들의 이름을 짓도록 하셨습니다. 아담이 그 일을 마무리하고 나오는 문장이 "돕는 배필이 없으므로"(창 3:20)입니다. 이것은 아담이 자기 뜻대로 동물의 이름을 지은 것이 아니라 동물의 속성을 꿰뚫어 보고 지었다는 뜻입니다. 그는 동물을 통해 자신과 같은 존재가 없다는 사실을 발견합니다. 이에 하나님이 아담을 잠들게 하고 그와 격이 같은 하와를 만드신 것입니다. 이처럼 히브리적인 사유에서 이름을 지어주는 것은 계시적인 의미를 담고 있습니다. 하나님이 '에녹'이라 이름을 주신 이유는 그 안에 담긴 사명과 계시 때문입니다. '하노크khanok'라는 히브리말에는 '전파하다', '교수하다', '가르치다'라는 세 가지 의미가 있습니다. 그러므로 에녹은 하나님의 존귀와 영광을 전하고 가르치고 교수하는 존재로 부름 받은 자입니다. 성경에는 구체적으로 제시하지 않았지만 에녹은 그런 삶을 살지 못했습니다.

성경을 잘 보면 에녹의 인생이 크게 두 가지로 하나님과 동행하기 전과 후로 구분됩니다. 에녹이 이 땅에 머물렀던 시간은 365년입니다. 에녹이 하나님과 동행한 시간은 65세부터입니다. 그러면 65세까지 에녹의 삶을 추측할 수 있습니다. 그때는 노아홍수 이전의 시대로, 사람들이 먹고 마시고 시집가고 장가갔다고 합니다. 먹고 마시고 시집가고 장가가는 게 죄는 아닙니다. 그것 자체를 정죄할 수는 없습니

에녹의 인생

다. 다만 노아홍수 이전의 사람의 삶을 이렇게 표현한 것은 그들이 먹고 마시고 시집가고 장가드는 데에만 인생의 목적을 두고 살았다는 뜻입니다.

그들은 존엄한 하나님의 영광, 그리고 그것에 관한 증언에는 전혀 관심이 없었습니다. 세상의 논리로 재산을 쌓고 높은 위치에 올라가는 데에만 집중하며 살았습니다. 그런 삶은 영적인 능력을 완전히 상실한 것입니다. 바로 이것이 죄입니다. 에녹도 65세까지 그들처럼 세상의 논리를 좇아 살았습니다.

이렇게 세속의 삶을 살던 어느 날, 하나님이 에녹에게 계시를 주십니다. 계시에는 여러 가지 방식이 있습니다. 초자연적인 계시도 있지만 일반 계시도 있습니다. 해가 뜨고 지고 달이 뜨고 지는 천체의 운행을 보면서 이 천지가 말씀으로 지어진 줄을 믿음으로 아는 것, 그것은 자연 계시입니다. 에녹의 경우에는 아들 므두셀라의 탄생이 그것입니다. 그 이름에는 놀라운 뜻이 담겨져 있습니다. 히브리어에서 므두셀라의 기본적인 뜻은 '이 아이는 죽을 것이다'이고, 두 번째 뜻은 '보낸다'입니다. 그리고 이 둘을 합치면 '창문'이라는 제3의 의미가 생성됩니다. 하나님이 므두셀라를 에녹에게 주심으로써 '이 자식이 죽으면 하늘 창문을 열어서 홍수를 보낼 것'이라는 심판의 메시지를 말씀하십니다.

성경에서 가장 장수한 므두셀라, 인류 역사에서 가장 오 인내하시는 하나님래 산 그를 통해 우리는 하나님의 무한한 인내와 사랑을 느낄 수 있습니다. 므두셀라의 장수는 패역한 인류가 하나님께 돌아오도록 오래 인내하시는 하나님의 사랑의 상징입니다. 그것은 개인의 복이 아닙니다. 므두셀라의 죽음이 곧 홍수의 심판이기 때문입니다. 므두셀라가 죽은 해, 노아의 나이가 600세 되던 해에 홍수가 터졌습니다. 이처럼 하나님의 말씀은 정확합니다.

에녹의 입장에서 생각하면 그런대로 현재에 만족하며 살아가는 에녹에게 갑자기 하나님이 아들을 줄 것과 그 아들이 죽은 후에 심판할 것을 계시한 것입니다. 그때부터 에녹과 하나님의 동행이 시작됩니다. 히브리어로 동행은 '할라크-에트*halak-et*'이고, '목적지를 향해 함께 간다'는 뜻을 넘어 '사귐이 있는 동반'이라는 의미를 가지고 있습니다.

에녹 인생의 주도권은 하나님께 있습니다. 에녹의 믿음 인생의 주도권은 하나님과의 동행에서 출발하고, 그 주도권은 하나님으로부터 온 것입니다. 이처럼 믿음은 우리의 신념이나 자기 암시, 자기확신이 아니라 죽었던 영적세계 속으로 하나님이 찾아오셔서 나와 관계를 맺는 데서부터 시작됩니다.

이런 논리가 타당한지 구체적으로 살펴보겠습니다. 우리가 죽은 사람에게 "너, 눈 뜨면 살려줄게!"라고 주문합니까? 이런 주문은 말이 되지 않습니다. 일단 살려놔야 눈을 뜰 수 있는 것입니다. 따라서 '믿으면 구원받는다'는 것은 사실 논리적으로는 맞지 않습니다. 이것은 수사학적인 표현일 뿐입니다. 우리는 이미 하나님의 은혜로 말미암아 영적으로 감각이 살아난 상태입니다. 감각이 살아 있는 상태로 죽었던 자리에서 하나님께서 은혜를 주신 것입니다. 그렇기 때문에 에베소서 8장 9절은 믿음이 하나님께로부터 오는 선물이라고 했습니다. 믿음은 내가 '그래, 어떻게든 한 번 믿어보자!'며 억지로 자기 암시를 하는 것이 아니라, 말 그대로 선물입니다. 믿고자 하는 내 의지나 요청과 상관없이 죽었던 내 영혼 속에 하나님이 일방적으로 찾아오신 것을 뜻합니다. 그래서 내가 살아나고 눈이 떠진 것입니다. "예수 그리스도가 십자가에 달려 돌아가심으로 인해 내가 구원받았음을 믿습니다"라고 고백하는 것입니다. 이것은 하나님이 이미 살려놓고 하게 하신 고백입니다.

하나님이 에녹을 찾아와 계시하시고 그가 가르치는 자, 교수하는 자, 그리고 하나님의 영광을 선포하는 자로 살게 하셨고, 에녹은 그것에 순종했습니다. 우리 또한 조금만 더 민감하고 영적으로 깨어있으면 하나님의 계시를 볼 수 있습니다. 그러나 영적으로 둔해져 있으면 하나님의 수많은 말씀이 그냥 지나갑니다. 과거에 에녹이 그랬습니다. 아들을 통한 계시를 받고서야 하나님의 뜻을 발견했고, 그때부터 300년 동안 하나님과 동행합니다. 그 긴 시간 동안 에녹이 이 땅에 살았던 이유는 하나님이 에녹을 오랫동안 참고 기다리고 설득하기 위해서였습니다. 우리가 하나님과 동행할 수 있는 기간은 기껏해야 70-80년입니다. 에녹에 비하면 턱없이 짧은 기간이므로, 그 기간 동안 우리는 하나님과의 동행에 합한 자가 되어야 합니다. 우리가 에녹보다 영적으로 깨어 있어야 하는 것은 그것 때문입니다. 아마 에녹은 우리에 비해 조금 끈질겼던 모양입니다.

히브리서 11장 6절에서 "믿음이 없이는 하나님을 기쁘시게 하지 못한다"고 했습니다. 하나님께 나아가는 자의 첫 번째 조건은 하나님이 살아 계신 것을 믿는 것입니다. 여기

하나님의 기쁨

서 스스로에게 질문을 던져야 합니다. 하나님이 계시고 안 계신 것을 이성이나 논리로 믿을 수 있습니까? 그것은 불가능합니다. 우리는 세상의 논리로 하나님을 깨달을 길이 없습니다. 오로지 하나님이 주신 은혜로만 하나님이 살아계심을 아는 것입니다. '믿음으로 안다'는 것은 '우리가 하나님을 믿었다'는 말이 아니라 '하나님이 우리에게 찾아오셨다'는 뜻입니다.

이어지는 구절을 보십시오. "그(하나님)가 계신 것과 또한 그가 자기를 찾는 자들에게 상 주시는 이심을 믿어야 할지니라." 여기서 중요한 사실은 '하나님이 나를 사랑하셔서서 그를 알게 하신 은혜'입니다. 그리고 이 말씀은 하나님이 사랑하셔서서 그를 알고 믿게 하신 사실에 대한 일종의 책임을 비추는 것입니다. 구원의 은혜를 입은 자는 그 사랑에 대한 책임을 지고 있습니다. 하나님이 동행하셨기 때문입니다. 우리가 힘에 겨워 허덕일 때마다 하나님은 힘을 주십니다. 하나님이 시작하신 일이기 때문에 우리는 절대 나약해질 수 없는 존재입니다.

하나님의 본전 영화 〈타짜〉에서 보면 조직폭력배를 등에 업은 전문 도박꾼들이 등장합니다. 저는 이 영화를 보면서 저렇게 인생을 망쳐가면서까지 도박을 하는 이유를 몰라 답답했습니다. 도박꾼들은 손가락을 자르면 발가락으로라도 화투장을 잡고 도박을 합니다. 중독성 때문에 그럴까요? 아니요, 중독성보다 더한 것이 있습니다. 본전생각! 한 판만 이기면 지금까지 잃은 모든 것을 해결할 것 같다는 생각에 도박을 끊지 못합니다. 벼랑 끝의 도박꾼들도 본전생각 때문에 도박을 끊지 못하는데, 하물며 하나님은 우리를 포기하실까요? 못하십니다. 하나님의 본전은 예수 그리스도입니다. 자기 아들을 죽이고 시작하신 일인데 하나님이 중간에 우리를 포기할 수 있을까요?

우리는 이미 죽었던 존재였습니다. 긍휼과 자비의 하나님이 아들 예수 그리스도를 대가로 우리를 살리셨습니다. '내가 이 모양인데 하나님 앞에서 복 받을 수 있을까?' 이런 자괴감은 오히려 신앙을 망칩니다. 괜찮습니다! 진창속을 엉망으로 뒹굴어도, 열 번 쓰러져도 하나님이 함께 하시면 반드시 한 번 더 일으키십니다. 하나님이 투자한 본전생각 때문에 우리를 포기하실 수 없습니다. 지치고 곤고해서 쓰러질지라도 일어설 수 있는 힘과 소망이 우리에게 근거한 것이 아니라 하나님께로부터 온 것이기에 우리는 다시 일어설 수 있습니다. 하나님은 기다리기도 하시고, 져주기도 하시고, 경고도 하시고, 상줄 것을 약속하시면서 우리를 데리고 끝내 자신의 안식까지 들어가시는 분이십니다. 이런 하나님이 오늘도 우리와 동행하고 있습니다.

1. 에녹의 믿음을 설명해봅시다. 특히 에녹이 어떤 사건 때문에
하나님과 동행하게 되었습니까?

2. 하나님의 실존을 믿는 것이 믿음의 출발입니다. 우리는 어떻게 하나님의
존재와 활동을 믿게 되었습니까?

3. '상 주신다'는 표현의 전제는 무엇입니까? 이 표현의 진정한 의미는 무
엇입니까?

4. 왜 사랑에는 책임이 따릅니까? 사랑과 책임의 관계를 신앙과 생활에 적
용해 반성할 점들을 찾아봅시다.

아서 핑크A.W. Pink의 《믿음의 영웅전*The Hero in Faith*》은 히브
리서 11장을 다루는 역작입니다. 존 파이퍼John Piper의 《하나님
을 기뻐하라*Desiring God*》도 좋은 책입니다. 저자는 자신이 '크리스천 쾌락
주의자Christian Hedonist'라고 말하지만, 그가 말하는 '쾌락'은 하나님이 누
구이시며 그의 신실하심이 무엇인가를 아는 사람에게서만 나오는 표현입
니다. 존 스토트John Stott의 《기독교의 기본진리*Basic Christianity*》는 강하
게 추천하는 책입니다. 기독교 신앙의 근본을 이처럼 간단하고 명료하게
해설하는 책이 앞으로는 쉽게 나올 것 같지 않습니다.

03_ 영원한 소망을 보는 믿음

믿음과 자기이해: 노아의 방주, 구원의 또다른 이름

히브리서 11:6-7

믿음이 없이는 하나님을 기쁘시게 하지 못하나니 하나님께 나아가는 자는 반드시 그가 계신 것과 또한 그가 자기를 찾는 자들에게 상 주시는 이심을 믿어야 할지니라. 믿음으로 노아는 아직 보이지 않는 일에 경고하심을 받아 경외함으로 방주를 준비하여 그 집을 구원하였으니 이로 말미암아 세상을 정죄하고 믿음을 따르는 의의 상속자가 되었느니라.

예수를 믿는 사람 그 어느
누구도 자랑할 인생이 없
습니다. 우리가 지녀야 하
는 품성이 있다면 감사하
는 자세뿐입니다. 그것이
면 충분합니다.

노아를 떠올리면 방주와 홍수의 심판 같은 굵직한 사건들이 따라옵니다. 노아는 보이지 않는 것들의 경고를 받고 경외함으로 방주를 준비했기에 믿음으로 산 인물로 평가되고 있습니다. 그 시대 사람들이 모두 시집장가가고, 먹고 마시는 데 몰두했지만 노아만은 하나님의 약속을 붙잡고 말씀에 따라 방주를 지은 믿음의 사람, 하나님과 동행한 사람이라고 우리는 생각합니다. 잘못된 해석은 아니지만 이런 단순한 시각은 믿음의 보편성을 성립하기 어렵습니다. 이렇게만 해석하면 당장 저부터 노아처럼 살기 힘들다고 고백할 것이기 때문입니다. 노아의 이야기를 믿음과 연결해서 생각하려면 이면에 감춰진 더 큰 의미를 먼저 물어보아야 합니다.

그러기 위해서 노아가 만든 방주를 우선 살펴보겠습니다. 방주는 히브리어로 '테바*taybaw*'이고, 성경에 두 번 나옵니다. 모세의 어머니가 모세를 살리기 위해 갈대상자에

노아의
방주

그를 넣는데, 이때의 방주가 노아의 그것과 같은 어휘입니다. 노아의 방주는 그 시대 수치인 규빗으로 규격을 말하고 있어서, 크기를 짐작하기 어렵습니다. 오늘날의 단위로 환산하면 가로길이가 135미터로 축구장보다 더 길고, 너비가 22.5미터, 높이가 13.5미터입니다. 한 가지 유의할 것은, 노아가 지은 방주가 보통 배가 아니라는 사실입니다. 보통의 배라면 키, 닻 그리고 노가 있어야 합니다. 그러나 노아의 방주에는 배가 갖춰야 할 그런 시설이 일체 없습니다. 그것은 엄밀한 의미에서 나무상자에 가깝습니다.

미 해군에서 이 방주가 얼마나 이상적인가를 시뮬레이션을 통해서 실험했는데, 선박 전문가들이 내놓은 결론은 그것이 높은 파도나 바람에 견딜 수 있는 가장 이상적인 부력을 생성한다는 것이었습니다. 어떤 사람들은 이 실험에 지나치게 가치를 부여해서 "하나님이 만드시면 이렇게 완벽한 작품이 나온다"고 말합니다. 그러나 이런 과학실험은 하나의 증거일 뿐 구원의 의미는 아닙니다. 우리는 창조 혹은 성경을 과학으로 증명하려는 태도를 취해서는 안 될 것입니다. 겉보기에는 신앙을 돕는 듯하지만 자칫 믿음의 잣대가 과학으로 치우칠 경우 과학결정론에 빠질 위험이 아주 큽니다.

다시 노아의 방주로 돌아오겠습니다. 노아는 방주를 만
들고 그것의 안과 밖에 역청을 바릅니다. 재미있는 것은 모
세를 담아 띄웠던 갈대상자에도 물이 스며들지 않게 역청
을 발랐다는 사실입니다. 이 역청은 성경에서 굉장히 중요
한 역할을 합니다. 역청이라는 단어는 히브리어로 '코페르
kofer'인데, '속전' 즉 '몸값'이라는 뜻을 가지고 있습니다.
그리고 동사형으로 '덮다', '가리다'로 쓸 때는 '카파르
qawfar'로 읽고 씁니다. 역청의 속뜻을 통해 알 수 있는 것은
노아의 방주가 노아의 믿음만을 증명한 것이 아니라는 사
실입니다. 이 방주는 장차 오실 예수 그리스도의 증거입니
다. 방주에 들어간 사람은 모두 살았고, 방주를 거부한 사
람은 심판을 당했습니다. 이 사건은 단순히 노아의 믿음에
초점을 두지 않습니다. 이 방주가 장차 오실 그리스도가 베
푸는 구원을 형상화한 것이기 때문입니다. 우리가 구원받
은 존재이고 그 구원은 어떻게 이루어지는가를 보여주는
것이 바로 노아의 방주입니다.

문제는 "믿음으로 노아는"이란 구절입니다. 방주가 노아
의 노력을 조명하려는 의도가 아니었음에도 성경은 노아의

믿음을 언급했습니다. 여기서 아기를 예로 들어볼까 합니다. 아기가 스스로 첫걸음을 떼기까지는 시간이 필요합니다. 그렇다면 그때까지 누구의 수고가 절대적으로 필요할까요? 엄마, 아빠, 할머니 혹은 그 외의 사람의 수고와 돌봄이 있어야 합니다. 보채는 아기를 안고 밤잠 이루지 못하며 잠들 때까지 토닥여줘야 합니다. 하루에도 몇 번씩 기저귀를 갈아줘야 하고, 사소한 위험에 대비해서 아기 곁을 지켜야 합니다. 아기를 데리고 나들이하는 날에는 완전히 이삿짐을 싸야 하지요. 그걸로 끝나는 것이 아니라 먹여야 합니다. 정성스레 젖을 물리고 젖병을 물립니다. 겨우 걸음마를 시작하면 손을 잡고 하나 둘 하나 둘, 엄마도 아기 걸음에 보조를 맞춰 함께 걸어갑니다. 아기를 세워놓고 엄마 혼자 걸어가지 않습니다. 함께 뒤뚱거리면서 아기 손을 붙잡고 걸음마를 시킵니다. 그러던 어느 날, 아기가 바들바들 떨면서 두 발을 딛고 일어섭니다. 이 순간 부모는 감격합니다.

아기가 혼자 힘으로 일어선 듯하지만 사실은 누구의 힘으로 일어선 걸까요? 부모님입니다. 아기는 넘어지더라도 부모님이 지켜줄 것을 알고 있고, 굳게 믿고 있습니다. 그

렇기에 일어서는 것을 두려워하지 않습니다. 이 과정의 알
맹이가 '믿음으로'의 속뜻입니다. '하나님이 도우셨고 하
나님이 함께 하셔서 이뤄주셨다'는 말을 신학적으로는 '믿
음으로'라고 표현합니다. 그러므로 믿음은 하나님의 선물
입니다.

노아 시대 사람들은 모두 극악했습니다. "모든 사람이
죄를 범하였으매 하나님의 영광에 이르지 못하더니." 이것
이 노아 시대 사람들이었습니다. 하나님이 보실 때 죗값으
로 죽어 마땅한 사람들이었고, 그렇기에 심판을 결정하셨
습니다.

여호와께서 사람의 죄악이 세상에 가득함과 그의 마음으로
생각하는 모든 계획이 항상 악할 뿐임을 보시고 땅 위에 사람
지으셨음을 한탄하사 마음에 근심하시고 이르시되 내가 창조
한 사람을 내가 지면에서 쓸어버리되 사람으로부터 가축과
기는 것과 공중의 새까지 그리하리니, 이는 내가 그것들을 지
었음을 한탄함이니라 하시니라. 그러나 노아는 여호와께 은
혜를 입었더라. 이것이 노아의 족보니라. 노아는 의인이요 당
대에 완전한 자라. 그는 하나님과 동행하였으며(창 6:5-9).

여기서 "여호와께 은혜를 입었더라"는 에베소서 1장에 묘사되어 있는 "창세 전에 그리스도 안에서 우리를 택하사… 그 기쁘신 뜻대로 우리를 예정하사 예수 그리스도로 말미암아 자기의 아들들이 되게 하셨으니"라는 말씀과 동일합니다. '심판을 받았을 운명이지만 노아를 택하셔서 구속하기로 작정하셨다'는 표현을 '여호와께 은혜를 입었더라'고 한 것입니다. 노아가 의인이기 때문에 은혜를 입은 것이 아니라 은혜를 입었기 때문에 의인입니다.

여기서 말하는 의인의 정의는 우리가 흔히 말하는 의인과는 다릅니다. 우리는 성경의 용어들을 세속적인 개념으로 이해할 때가 많습니다. 의인이 그 대표적인 예입니다. 의인이란 옳다, 그르다는 기준으로 결정되는 것이 아닙니다. 성경은 그런 차원에서 의인과 악인을 말하지 않습니다. 여기서 말하는 의인은 '하나님께 소속이 되었다'는 뜻입니다. 즉, 은혜를 입었기 때문에 하나님의 자녀가 된 자입니다. 이것이 '의롭게 되었다'는 뜻입니다. 이런 특권을 근거로, 내세울 공로가 없는 우리를 하나님은 택하셨습니다. 따라서 예수를 믿는 사람 그 어느 누구도 자랑할 인생이 없습니다. 우리가 지녀야 하는 품성이 있다면 감사하는 자세뿐입니다. 그것이면 충분합니다. 하나님의 은혜에는 조건이 없습니다.

그렇다면 "노아는 의인이요 당대에 완전한 자"라는 부분을 어떻게 해석할 수 있을까요? 완전한 자가 이 세상에 존재할 수 있을까요? 사람이 완전할 수 있습니까? 없습니다. 약점과 허물, 추함으로 얼룩진 것이 우리네 인생입니다.

신약성경에 나오는 탕자를 살펴보겠습니다. 둘째 아들이 _{탕자의} 아버지에게 자신의 몫을 상속받아 집을 떠났습니다. 유대 _{비유} 시대에 이 행위는 아버지와의 절연을 뜻합니다. 상속을 받고 떠나는 것으로 아버지와의 관계는 완전히 끝이 났습니다. 얼마 지나지 않아 작은아들에게 결핍이 찾아옵니다. '거지같이'가 아니라 진짜 거지가 된 것입니다. 이방인에게 빌붙고, 그것도 모자라서 돼지우리에서 돼지와 지내면서 돼지가 먹는 쥐엄열매를 먹고 삽니다. 집 나간 둘째는 그제야 아버지의 집에서 평화롭고 풍요로웠던 날들을 떠올립니다. 배가 고프니 체면따위는 생각나지 않습니다. 굶어 죽기 일보직전에 용기를 내어 아버지 집으로 돌아갑니다.

성경은 '아직도 서로 간에 거리가 먼데' 아버지가 기약 없이 떠나갔던 아들이 돌아오는 모습을 알아봤다고 기록하고 있습니다. 떠나갈 때와는 달리 거지 몰골이 되었지만 아버지는 아들을 알아봤습니다. 맨발로 달려가서 아들의 목을 얼싸안습니다. 송구스러워하는 아들을 집으로 데려와 살진 송아지를 잡아줍니다. 이 아버지는 항상 최고를 주는 분입니다. 좋은 옷을 입히고, 비렁뱅이로 살았던 그의 발을 닦이고 신발을 신깁니다. 마지막으로 반지를 끼워줍니다. 이 반지는 '너는 다시 내 아들이고 이 모든 것이 다시 너의 것'이라는 의미입니다. 이로써 탕자는 친자이자 상속자로서 지위와 권리가 회복됩니다.

온전한 자 이제 탕자는 온전해졌습니다. 추하고 약한 존재일지라도 아버지의 품안에 있으면 온전한 자가 되기 때문입니다. 하나님은 어떤 조건을 내세워 우리를 뽑으신 것이 아닙니다. 우리는 모두 죄와 사망 아래 있었던 존재입니다. 그러나 아버지 안에 있으면 우리는 온전한 자가 됩니다. 우리가 잘나서 온전한 자가 된 것이 아니라, 아버지가 우리를 용서해주시고 안아주시고 상속자로 삼으셨기 때문에 온전한 자가 된 것입니다. '온전한 자'의 진정한 의미는 노아가 언제나 주 안에 있었다는 뜻입니다. 그리고 노아가 그런 삶을 살 수 있었던 것은 하나님이 언제나 그를 붙잡고 있었기 때문입니다.

　그다음 살펴볼 것은 '그는 하나님과 동행했다'는 표현입니다. 동행의 히브리어는 '할라크'로, '그분이 찾아와주셔서 교제를 허락하고 함께 길을 걸어간다'는 뜻입니다. 따라서 노아의 인생은 노아의 믿음이 만든 것이 아니라 그의 인생을 붙들고 계시는 하나님의 손길에 철두철미하게 달려 있었던 것입니다. 이런 시각에서 아래 말씀을 살펴보겠습니다.

> 노아가 그와 같이 하여 하나님이 자기에게 명하신 대로 다 준행하였더라(창 6:22).

> 노아가 여호와께서 자기에게 명하신 대로 다 준행하였더라 (창 7:5).

> 들어간 것들은 모든 것의 암수라. 하나님이 그에게 명하신 대로 들어가매 여호와께서 그를 들여보내고 문을 닫으시니라(창 7:16).

노아는 하나님의 동행하심에 반응하고 순종했습니다. 그렇다면 방주는 누가 짓고 누가 마무리했습니까? 모두 하나님이십니다. 하나님과 동행한다는 것은 하나님의 손에 붙들려서 걷는 것입니다.

우리가 교회에 다니게 된 사연은 정말 다양합니다. 누군가는 이성을 보기 위해 왔다가 하나님을 만나 목사가 되었습니다. 또 누군가는 빚 받으러 왔다가 예배에 은혜 받아 빚을 탕감해주기도 했습니다. 친구 손에 끌려온 사람, 우울함을 견디기 위해 온 사람···. 저마다의 이유가 무엇이든 어떤 모양으로 왔든 하나님께서 부르지 않으면 우리는 이곳에 올 수 없습니다.

중요한 것은, 하나님이 이미 우리 인생에 간섭하셔서 우리를 찾고 부르고 끌어당기고 있다는 사실입니다. 우연은 있을 수 없습니다. 하늘 아래 어느 골목길을 헤매다가 하나님이 부르고 끌고 참아줘서 우리가 여기까지 온 것입니다. 이것은 은혜 중의 은혜, 기적 중의 기적, 은총 중의 은총입니다. 아버지의 부르심 없이는 아버지 앞에 올 자가 아무도 없기 때문입니다.

하나님이 불렀다

믿음으로 노아는 아직 보이지 않는 일에 경고하심을 받아 경외함으로 방주를 준비하여 그 집을 구원하였으니 이로 말미암아 세상을 정죄하고 믿음을 따르는 의의 상속자가 되었느니라(히 11:7).

여기서 '경고하심을 받아'라는 한글번역은 딱딱하고 어색합니다. 이 말은 그리스어로 '크레마티조*chrematidzo*'라고 하는데, '하나님이 그에게 맡기셨다'라는 뜻입니다. 노아가 특별히 영리해서 방주를 예비한 것이 아니라, 하나님이 노아에게 방주 짓는 일을 시키셔서 그가 준행했다는 해석이 더욱 정확합니다. 이 뜻은 하나님이 먼저 찾아오셔서 드러내셨다는 것입니다. 노아는 그저 하나님이 시키는 대로 방주를 준비했을 뿐, 동물을 방주에 들여보내고 방주의 문을 닫는 그 모든 일은 하나님께서 하신 것입니다.

우리가 이 자리까지 멀고 먼 길을 돌아올 수 있었던 것은 먼길 돌아오기 하나님의 계시적 손길 때문입니다. "믿음으로 노아는…"이라고 할 때 주체는 하나님이십니다. "주 없이 살 수 없네. 죄인의 구주여"를 눈물 쏟으며 부를 수 있을 때, 드디어 하나님의 긴 설득에 눈을 뜰 수 있는 것입니다. 이것이 바로

"믿음으로 노아는…"의 진의입니다. 모두 하나님이 하신 일이지만 우리에게 잘했다며 칭찬을 돌려주십니다. 이 벅 찬 사랑에 붙잡힌 우리는 진정 행복한 사람입니다. 우리의 무너짐과 꺾임, 절망의 눈물을 보지 않고, 우리를 붙드신 하나님의 영원한 소망에 기대어 한 번 더 일어설 때, 우리 는 믿음으로 살 수 있습니다.

예배자가 걷는 길 1. 요즘 인기 있게 통용되는 믿음관은 어떤 것들입니까?

2. 성경의 정의에 의하면 '믿는 대로 된다'는 말은 왜 해괴망측한 요설일 뿐입니까?

3. 믿음을 나의 꺾을 수 없는 신념으로 보는 것보다, 하나님의 선물이나 하나님을 신뢰하는 인격적 행위로 보는 것이 우리 신앙의 현실과도 더 맞는 이유는 무엇입니까?

4. 믿음의 문제에서도 하나님의 주권성을 높이는 태도와, 요행주의, 숙명주의와는 어떻게 다릅니까?

예배자가 읽는 책 행크 해네그래프Hank Hanegraaff의 《바벨탑에 갇힌 복음Christianity in Crisis》을 추천합니다. "믿는 대로 된다!"는 믿음신학의 이단성과 그 계보를 파헤친 심층 연구서로, 믿음을 가장한 종교적 탐욕을 소름끼치도록 면밀하게 추적한 작품입니다. 우리의 믿음을 신선한 충격과 함께 반성할 기회가 될 것입니다.

04_ 언제든 떠날 수 있는 믿음

믿음과 미래: 아브라함의 거룩한 나침반

히브리서 11:8-11

믿음으로 아브라함은 부르심을 받았을 때에 순종하여 장래의 유업으로 받을 땅에 나아갈새 갈 바를 알지 못하고 나아갔으며, 믿음으로 그가 이방의 땅에 있는 것 같이 약속의 땅에 거류하여 동일한 약속을 유업으로 함께 받은 이삭 및 야곱과 더불어 장막에 거하였으니, 이는 그가 하나님이 계획하시고 지으실 터가 있는 성을 바랐음이라. 믿음으로 사라 자신도 나이가 많아 단산하였으나 잉태할 수 있는 힘을 얻었으니 이는 약속하신 이를 미쁘신 줄 알았음이라.

그에게는 아버지의 집으로
갈 것이라는 설렘이 있었
습니다. 나그네의 심정으
로 이 땅을 살아온 바울,
매일 텐트를 치고 걷어야
했던 나그네 바울에게
죽음은 그런 의미입니다.

우리는 아브라함을 믿음의 조상으로 기억합니다. 아브라함 하면 믿음의 조상, 복의 근원 등 좋은 것만 떠오를 것입니다. 그러나 아브라함은 올곧게 믿음 안에 거하였다고 단정짓기에는 좀 어려운 인물입니다. 그가 믿음의 조상이고, 복의 근원인 것은 사실입니다. 하지만 처음부터 그런 인물은 아니었습니다.

아브라함에 대한 두 사람의 증언을 살펴볼까 합니다. 먼저 스데반입니다. 그는 "너희 조상 아브라함이 갈대아 우르에 있을 때 영광의 하나님이 나타나셔서 그를 부르셨다"고 말합니다. 이것은 대단히 중요한 사건입니다. 걸음걸음 하나님의 임재와 하나님의 부르심이 없었다면 우리가 하나님을 예배하는 자리에 이를 수 없다는 사실을 증명하기 때문입니다. 하나님은 에베소서 1장의 말씀처럼 창세 전에 우리를 예정하시고 택하셨습니다.

다음 증언은 여호수아가 죽기 전에 이스라엘 백성들을

아브라함에 대한 증언

세겜에 모아놓고 한 고별 설교입니다. "너희 믿음의 조상
아브라함의 전력을 아느냐? 그는 강 저 건너편에 있을 때
우상을 섬겼었다. 지금 너희처럼 우상을 섬겼다." 충격적인
내용입니다. 스데반과 여호수아는 아브라함이 메소포타미
아 문명의 발상지인 우르에서 살 때 우상을 섬겼다고 증언
합니다. 그런 아브라함에게 하나님이 나타나셔서 계시하셨
습니다.

여기서부터 아브라함의 신앙이 시작됩니다. 그것은 논리
적으로 깨닫거나 설득된 것이 아닙니다. 하나님이 아브라
함을 갈대아 우르에서 끄집어내 지시한 땅으로 가라고 명
령하신 것입니다. 그리고 그가 잘 해낸 것이라곤 '떠나는
것' 뿐이었습니다. 가나안으로 가던 중 아버지 데라 때문에
하란에서 머뭇거렸고, 결국 하나님은 육신의 아버지인 데
라를 데려갑니다. 이로써 아브라함이 결단하게 하십니다.

그러고서 하나님이 아브라함 앞에 나타난 것이 창세기
12장입니다. 그때 하나님은 본토 친척 아비집을 떠나라고
다시 강조하시고 "내가 너로 큰 민족을 이루겠고 너로 하
여금 모든 민족이 복을 받게 할 것이다. 너는 복의 통로가
될 것이다"라는 유명한 약속을 주십니다. 그제야 아브라

함은 하란을 출발해서 마침내 가나안에 들어갑니다. 앞뒤 문맥을 보면 알 수 있듯, 아브라함이 들어간 것이 아니라 하나님이 아브라함을 기다리고 설득해서 끌어들이신 것입니다.

하지만 가나안에 들어온 후, 아브라함의 노정이 본격적으로 시작됩니다. 우리는 이 노정을 생략한 채 이삭을 드리는 아브라함만을 기억하려고 합니다. 얼마나 믿음이 좋으면 독자를 드릴 수 있었을까, 하고 말입니다. 사실 아브라함은 창세기 22장에 이르기까지 하나님께 순종하지 않은 삶을 살아왔습니다.

아브라함의 노정

그때의 삶을 살펴보겠습니다. 그가 가나안에 들어간 지 얼마 되지 않아 기근이 났습니다. 그러자 아브라함은 아내와 함께 애굽으로 내려갔습니다. 애굽은 믿음의 사람이 의지해서는 안 되는 땅입니다. 예레미야 선지자는 애굽을 의지하는 자는 상한 갈대 지팡이와 같다고 말씀했습니다. 그런데 아브라함은 애굽으로 간 데다 아내를 누이라고 속이기까지 합니다. 아내의 아름다움 때문에 해를 당할까 두려웠기 때문입니다. 게다가 아브라함은 애굽 왕에게 아내를 바쳐놓고 근심하기는커녕 결혼 예단형식으로 받은 소떼와

양떼를 보고 즐거워합니다.

한번은 그랄 왕 아비멜렉의 꿈에 하나님이 나타나십니다. 사실 하나님께서는 아비멜렉이 아니라 아브라함의 꿈에 등장하셔야 했습니다. 엉뚱한 곳에서 비겁함을 일삼는 아브라함에게 경고하고 책망해야 하는 것이 당연한 일입니다. 헌데 엉뚱하게도 하나님은 아비멜렉에게 나타나셔서 "그는 선지자니라. 그의 아내에게 손대지 말라. 그렇지 않으면 너의 집에 재앙을 내리겠다"고 하셨는데, 사라가 아브라함의 아내인지 몰랐던 그로서는 억울할 수밖에 없습니다. 아비멜렉은 아브라함에게 그의 아내만 돌려주는 게 아니라 큰 재물을 얹어주면서 빨리 떠나라고 했습니다. 이런 비겁한 인물이 우리가 믿음의 조상이라 부르는 아브라함입니다.

실패의 연속 창세기 15장을 보면, 자식이 빨리 생산되지 않는 것을 근심하는 아브라함에게 하나님은 별과 모래알을 지칭하며 '네 자손이 이와 같을 것'이라고 축복하셨습니다. 하지만 10년이 지나도 자식이 생기지 않자 아브라함은 아내의 여종을 첩으로 삼아 이스마엘을 낳습니다. 그때부터 하나님이 아브라함에게 침묵하십니다. 그러고는 아브라함이 99세 때에 나타나셔서 첫마디로 "나는 전능한 하나님이라" 하고 말씀하십니다. 이것은 아브라함에게 자신을 소개하기 위해서가 아니라 야단치는 것입니다. "나는 전능한 하나님이다. 너는 왜 기다리지 못하느냐? 내가 한다면 하는 것 아니냐. 이 별을 누가 달았느냐? 해는 누가 달았느냐? 내가 창조주 하나님이 아니더냐." 전능한 하나님이라 하신 데에는 이런 뜻이 포함되어 있습니다. 아마 아브라함은 자신의 잘못이 부끄러워 좌절했을 것입니다.

이삭은 이때 주신 아들입니다. 이삭은 하나님이 주신 약 하나님의 약속속의 자녀입니다. 오랜 세월에 걸쳐 하나님을 알아가면서 드디어 아브라함의 신앙이 정금처럼 조련되는 현장이 창세기 22장입니다. 아브라함을 두고 '믿음의 조상'이라 부르는 것은 그의 믿음이 굳건했기 때문이 아닙니다. 그가 바로 공로 없는 죄인이 은혜를 입은 기원이기 때문입니다.

아브라함은 본토 친척 아비의 집을 떠나는 것을 실패했습니다. 하지만 그를 붙들고 계시던 하나님은 성공하셨습니다. 그런 의미에서 아브라함은 온전해진 것입니다. 우리 또한 아브라함처럼 실패덩어리입니다. 하나님 앞에서 늘 징징거리고 보채는 아이와 같습니다. 그런데도 하나님은 이런 우리를 업고 달래고 어떨 때는 함께 주저앉으시며 기다리셨다가 끌고 가십니다. 어디까지입니까? 모리아 산정까지입니다. 하나님의 은혜는 그 끝을 헤아릴 수 없을 만큼 깊고 넓습니다. 그러므로 우리는 '믿음으로 아브라함'에 '은혜로 아브라함'을 대입할 수 있습니다.

그러나 히브리서에서 말하고자 하는 초점은 지금까지 설명과는 전혀 다릅니다. 지금까지는 하나님이 실패덩어리인 아브라함이 어떻게 믿음의 최고봉인 창세기 22장까지 끌고 가셨는가, 즉 하나님의 성실하심에 초점을 두고 있습니다. 하지만 히브리서는 그곳에 메시지를 두지 않습니다. 히브리서는 왜 믿음의 조상들을 열거하고 있을까요? 이 질문 히브리서 에 답하기 위해서는 히브리서가 쓰인 배경을 알아야 합니다. 배경 히브리서는 저자 미상의 책이지만 수신자가 누구인지는 명확합니다. 유대 본토를 떠나 지중해 연안 도시에 흩어진 유대인 디아스포라*diaspora*, 즉 나그네들을 염두에 두고 쓴 책입니다. 그때는 기독교가 핍박을 당하던 때입니다. 예수 그리스도를 믿는다는 이유로 목숨을 위협받는 신자들이 속출했습니다. 하나님을 믿는다는 이유로 톱으로 켬을 당하고 토굴에 던짐을 당하고, 짐승의 가죽에 씌워져 원형경기장에서 굶은 맹수들의 밥이 되었습니다. 그리스도인의 목숨이 경각에 달린 때였습니다. 혹독한 고난은 그리스도인의 근본을 흔들기 시작했습니다. 하나님이 살아 계시다면 어떻게 이런 일들이 일어날 수 있을까? 하는 의문이 유대인들 사이에서 끊이지 않았습니다. 이런 배경을 기억하고 말씀을 보겠습니다.

> 믿음으로 아브라함은 부르심을 받았을 때에 순종하여 장래의 유업으로 받을 땅에 나아갈새 갈 바를 알지 못하고 나아갔으며, 믿음으로 그가 이방의 땅에 있는 것 같이 약속의 땅에 거류하여 동일한 약속을 유업으로 함께 받은 이삭 및 야곱과 더불어 장막에 거하였으니(히 11:8-9).

아브라함은 가나안 땅에 머물고 있지만 이방 땅에 살고 있는 것처럼 살았고, 또 이삭, 야곱과 함께 장막에 거했습니다. 여기서 살펴볼 것은 첫째, 아브라함이 이방 땅에 사는 것처럼 살았다는 사실입니다. 우리는 이런 삶을 '나그네' 혹은 '순례자'라고 합니다. 나그네와 순례자에게는 영원한 거처가 없습니다. 지금 사는 곳이 절대 고향이 될 수 없습니다. '임시거처'라는 뜻의 장막은 아브라함의 삶을

순례자의
삶

보여주는 하나의 상징입니다.

바울이 죽음을 앞두고 남긴 디모데후서 4장에는 이런 고백이 있습니다. "전제와 같이 내가 벌써 부어지고 나의 떠날 시각이 가까웠도다." 그때 그는 사형을 선고받아 죽을지도 모르는 갈림길에 서 있었습니다. 그는 눈앞에 다가온 죽음을 소멸이나 끝이라 하지 않고 '떠날 시각이 가까웠도다'고 표현했습니다. '떠나다'는 그리스어로 '아날뤼시스 *analusis*'로 죽음을 의미하지 않습니다. 이 단어는 로마 군대에서 나온 것입니다. 제국주의를 앞세운 로마의 당시 상황은 남자들이 1년의 절반을 전쟁터에서 보내야 했기에 삶 자체가 싸움이었습니다. 오늘밤 함께 했던 동료가 다음날 아침 싸늘한 시체로 남는 일이 허다했습니다. 그들은 고향과 가족에 대한 그리움, 그리고 죽음의 공포를 안고서 전쟁터에서의 시간을 견뎌야 했습니다. 그들이 머무는 처소는 '막사'이자 '임시 텐트'입니다. 고단한 하루를 긴장 속에서 살아야 했습니다.

어느 날 아침, 나팔소리가 들려오자 그들은 군장을 꾸린 후 연병장으로 뛰어나가 줄을 섰습니다. 근엄한 눈빛의 지휘관이 연단에 올라섭니다. "병사들, 지난 6개월 동안의 평

원전투를 해내느라 대단히 수고가 많았다. 우리는 어제의 전투를 끝으로 이 지역을 완전 접수하게 되었다. 이 전투는 로마의 승리로 종결되었다!"

승리의 소식을 들은 병사들은 하늘이 무너질 것 같은 환호성을 지를 것입니다. 앞서간 병사들의 죽음을 기억하면서 살아남은 병사들끼리 끌어안고 울 것입니다. 그다음에는 부대를 이동할 것입니다. 그러기 위해서 우선 텐트를 걷어야 합니다. 텐트를 걷을 때는 정해진 순서에 따라야 합니다. 텐트를 팽팽히 묶기 위해서 감아놓은 줄을 제일 먼저 풉니다. 이 줄을 푸는 동시에 텐트가 무너집니다. 그렇기에 우선 막대기를 세워 거기에 천막이 걸쳐지게 한 후, 이 막대기 끝에 줄을 묶고 양쪽으로 팽팽하게 당깁니다. 그리고 역방향으로 감아서 땅에 박습니다. 이 잡아당기는 힘 때문에 텐트가 팽팽히 유지되고 공간이 확보되는 것입니다.

그들은 이런 텐트 안에서 매일매일 삶과 죽음을 넘나드는 생활을 했습니다. 우리가 이런 생활을 상상할 수 있을까요? 여름을 맞아 캠핑을 한다면 일주일째까지는 낭만을 즐길 수 있습니다. 네온사인의 도심에선 볼 수 없는, 까만 벨벳에 보석을 뿌려 놓은 것 같은 밤하늘 별들을 볼 수 있습니다. 쏟아지는 별빛 아래, 흐르는 냇물에 발을 담고 풀벌레 소리를 들으며, 불빛 아래 책을 읽고 기타를 치며 노래도 합니다.

하지만 이 생활을 10년 동안 하게 된다면 어떨까요? 일주일이 지나면 불평이 쏟아지고, 열흘이 지나면 동행자와 다투게 될 것입니다. 식량과 자금이 떨어지고, 나중에는 일행자가 뿔뿔이 흩어질 것이고, 그나마 남은 자는 서로 다툴 것입니다.

믿는 자가
죽음에
대처하는
자세

로마의 병사는 캠핑이 아니라 삶과 죽음이 공존하는 전쟁터에서 이런 생활을 했습니다. 바울이 고린도후서 5장에서 "이 육신 장막이 무너지면 손으로 짓지 않는 새집이 덧입혀 오나니" 하고 기록했습니다. 이것은 바로 텐트를 푸는 장면을 언어로 옮긴 것입니다. 그렇다면 텐트 줄을 풀때 병사들의 심정은 어떠했을까요? 설레고 흥분됐을 겁니다. 부모와 아내, 그리고 자식이 기다리는 고향집으로 돌아가기 때문입니다. 바울은 자신의 죽음을 로마 병사들이 전쟁을 끝내고 텐트를 걷는 심정으로 맞이했습니다. 그에게는 아버지의 집으로 갈 것이라는 설렘이 있었습니다. 나그네의 심정으로 이 땅을 살아온 바울, 매일 텐트를 치고 걷어야 했던 나그네 바울에게 죽음은 그런 의미입니다.

제가 충현교회에서 부목사로 있을 때 원로목사님은 김창인 목사님이었습니다. 교인의 장례식에 다녀오겠다고 하면 김 목사님은 이북 사투리로 "장례식 설교할 때는 안 갔다 온 천국도 갔다 온 것처럼 하라우" 하고 말씀하셨습니다. 저는 나중에서야 이 말씀의 진의를 깨달았습니다. 죽음에 대해 구원을 확신하는 사람은 예수 믿는 사람뿐입니다. 우리는 살아서 할 일이 있고, 죽어서 갈 곳이 있습니다. 그렇기에 김 목사님은 교인의 죽음을 천국으로 떠났다고 해석하신 것입니다. 이 사실을 기초로 히브리서 기자가 아브라함을 통해서 말하고 싶었던 것을 살펴보겠습니다.

이는 그가 하나님이 계획하시고 지으실 터가 있는 성을 바랐음이라(히 11:10).

이 사람들은 다 믿음을 따라 죽었으며 약속을 받지 못하였으되, 그것들을 멀리서 보고 환영하며 또 땅에서는 외국인과 나그네임을 증언하였으니, 그들이 이같이 말하는 것은 본향 찾는 자임을 나타냄이라(히 11:13-14).

13절을 보면 알 수 있듯 믿음의 사람은 이 땅에서 기약 없이 살다 갔습니다. 이 말은 예수를 믿는 사람이 이 땅에서 보상받을 수 있다는 약속이 아닙니다. 믿음의 사람을 열거한 진짜 이유는 이 땅에서의 보상보다 더 좋은 본향이 있기 때문입니다. 믿음의 조상 아브라함이 등장한 것은 그것을 알리기 위해서입니다.

**예배자가
걷는 길** 1. 히브리서는 어떤 역사적 배경 아래 저술된 성경입니까? 이러
한 배경으로 인해 우리가 히브리서를 해석할 때 어떤 가늠자를
얻게 됩니까?

2. 아브라함을 신앙의 이상으로 정형화하는 것은 정당합니까? 서로 토의해
보는 시간을 가지십시오.

3. 당신의 사생관은 어떤 것입니까? 왜 그리스도인에게 사생관은 중요합니
까?

**예배자가
읽는 책** 기독교는 세계관적 변혁을 요구합니다. 알버트 월터스Albert
Wolters의 《창조 타락 구속Creation regained》, 존 스토트의 《현대
사회문제와 그리스도인의 책임New issues facing christians today》은 성경
교리에 대한 지식 동의, 정서적 느낌을 훨씬 넘어서서 우리로 하여금 삶의
전 영역에서 그리스도인으로서, 그리스도인답게 사고하고 행동하도록 도
와줄 것입니다.

05_ 끝끝내 승리하는 믿음

믿음과 기도: 기적을 만들어낸 교회의 기도

사도행전 12:1-12

그때에 헤롯왕이 손을 들어 교회 중에서 몇 사람을 해하려 하여, 요한의 형제 야고보를 칼로 죽이니, 유대인들이 이 일을 기뻐하는 것을 보고 베드로도 잡으려 할새 때는 무교절이라. 잡으매 옥에 가두어 군인 넷씩인 네 패에게 맡겨 지키고 유월절 후에 백성 앞에 끌어내고자 하더라. 이에 베드로는 옥에 갇혔고 교회는 그를 위하여 간절히 하나님께 기도하더라. 헤롯이 잡아내려고 하는 그 전날 밤에 베드로가 두 군인 틈에서 두 쇠사슬에 매여 누워 자는데 파수꾼들이 문밖에서 옥을 지키더니, 홀연히 주의 사자가 나타나매 옥중에 광채가 빛나며 또 베드로의 옆구리를 쳐 깨워 이르되 급히 일어나라 하니 쇠사슬이 그 손에서 벗어지더라. 천사가 이르되 띠를 띠고 신을 신으라 하거늘 베드로가 그대로 하니 천사가 또 이르되 겉옷을 입고 따라오라 한대, 베드로가 나와서 따라갈새 천사가 하는 것이 생시인 줄 알지 못하고 환상을 보는가 하니라. 이에 첫째와 둘째 파수를 지나 성으로 통한 쇠문에 이르니 문이 저절로 열리는지라. 나와 한 거리를 지나매 천사가 곧 떠나더라. 이에 베드로가 정신이 들어 이르되 내가 이제야 참으로 주께서 그의 천사를 보내어 나를 헤롯의 손과 유대 백성의 모든 기대에서 벗어나게 하신 줄 알겠노라 하여, 깨닫고 마가라 하는 요한의 어머니 마리아의 집에 가니 여러 사람이 거기에 모여 기도하고 있더라.

한국 교회가 회복해야 할
과제가 있다면 기도
입니다. 영적인 굶주림,
애통하는 기도, 간절한
기도를 되찾아야 합니다.

사도행전 12장에 등장한 헤롯은 예수님이 탄 생한 때의 헤롯이 아니라 헤롯 아그리파 1세입니다. 유대 역사학자 요세푸스의 연구에 따르면 이 헤롯은 에돔, 즉 에서로부터 내려오는 종족의 후예로, 상당히 이중적인 인물입니다. 로마황제 앞에서는 분봉왕 노릇을 하면서 더 많은 영토와 부를 축적하려고 그리스의 철학을 받아들였고, 동시에 유대인들 앞에서는 유대 율법을 철저히 지키는 척 행세하면서 민중의 마음을 얻으려고 했습니다. 1절 말씀 "그때에 헤롯왕이 손을 들어 교회 중 몇 사람을 해하려 하여 요한의 형제인 야고보를 칼로 죽이매"가 그 증거입니다. 여기서 유의할 것은 '요한의 형제'로, 그것은 예수님의 동생 야고보와 혼동하는 것을 막기 위한 수식어입니다. 성경에는 동일한 이름을 가진 사람들이 많습니다.

열두 명의 사도 중 하나인 야고보는 스데반 이후 최초의 순교자입니다. 본래 유대인의 사형제도는 투척형投擲刑이지만 그는 참수형斬首刑을 당합니다. 여기서 짚고 넘어가야 할 것은 참수형이라는 부당한 제도입니다. 만약 로마법을 따르더라도 그는 십자가형을 받아야 했습니다. 이처럼 헤롯은 적법한 재판 없이 대중의 감정적 여론만을 좇아 그를 무참히 참수했습니다. 그것은 명백한 불법이었습니다. 그럼에도 유대인이 이 사실에 기뻐하자 헤롯은 베드로까지 잡아들입니다. 헤롯의 이런 행동은 진리와 상관없이 감정의 기복에 따라 움직이는 여론을 좇아 갈팡질팡하는 오늘날 위정자의 모습과 닮아 있습니다.

각처에 흩어졌던 유대인이 무교절을 맞아 예루살렘에 모였습니다. 시기적으로 이때는 헤롯이 백성의 마음을 살 수 있는 절호의 기회입니다. 선거를 앞둔 정치인이 명절을 이용해 민심을 사려하는 것과 다를 바 없는 상황입니다. 헤롯은 백성들이 흩어지기 전에 베드로를 옥에 가둡니다. 게다가 베드로의 감시를 군사 넷씩 네 패에 맡깁니다. 한 사람을 지키기 위해 하루 16명을 동원한 것입니다.

요세푸스의 기록에 의하면 베드로의 팔에 쇠고랑을 묶고 그 쇠고랑 끝을 로마 병사의 몸에 묶고, 앞뒤로 보초를 세워서 지키게 했다고 합니다. 베드로는 이미 두 번이나 옥에 간혔었고, 그때마다 기적적인 하나님의 은혜로 석방 되었습니다. 이에 불안한 헤롯이 이번에도 그런 일이 벌어질까 봐 철저하게 베드로를 결박한 것입니다.

베드로가 투옥된 안토니우스 병영은 헤롯 궁의 서쪽에 있는 특수 감옥으로, 그때까지 누구도 빠져나간 적 없는 밀실입니다. 국가적으로 위험한 인물만을 수용하는 곳에 베드로를 가둔 것입니다. 그럼에도 헤롯은 베드로가 탈출할까 봐 두려워했습니다. 이제 내일이면 베드로는 야고보처럼 사형을 당할 것입니다.

한글성경을 보면 7절은 '홀연히'라는 단어로 시작됩니다. 이것을 영어 성경에는 '보라behold'로 되어 있습니다. 헤롯이 로마정부와 손을 잡고 유대인의 여론을 등에 업어 하나님의 사람 베드로를 삼엄한 감옥에 가둬 사슬로 결박했지만, 이제부터 벌어질 어마한 일을 보라는 뜻입니다. 이 '보라!'는 우리가 생각하는 한계의 상황에서 전혀 예측할 수 없는 일이 벌어질 것이라는 예언의 뜻입니다.

쇠사슬이 풀리고 쇠문이 열릴 때까지 베드로는 그 상황이 생시인지 환상인지 모를 정도로 어리둥절해 합니다. 천사는 안전한 곳에 베드로를 놓아두고 바람과 같이 사라집

예기치 못한 일

니다. 여기서 의아한 것은, 언제 죽을지 모르는 상황에서 베드로가 옆구리를 쳐야 깰 정도로 깊은 잠을 자고 있었다는 사실입니다. 많은 신학자와 저술가는 그의 믿음이 훌륭해서 하나님만 의지할 수 있었기 때문에 베드로가 숙면할수 있었다고 합니다. 하지만 극한 상황에서 잠들었다는 단서만으로 '대단한 믿음'을 추출해내기에는 어딘가 모르게 미심쩍은 면이 있습니다. 이런 경우에는 전체 문맥을 통해 살펴보아야 합니다. 과연 베드로는 하나님을 신뢰해마지 않아서 그렇게 깊이 잘 수 있었던 걸까요? 그럴 수도 있지만 전적으로 그렇다고 하기에는 설득력이 부족합니다.

지금까지 옥에 갇혔던 경우를 살펴보더라도 베드로 본인이 출옥을 의도했거나 주도했던 적은 한 번도 없었습니다. 그렇다면 깊게 잠든 베드로의 모습은 하나님을 신뢰해서라기보다 육체가 곤고하고 정신이 나약해져 지친 쪽에 가깝다고 볼 수 있습니다. 어쩌면 베드로는 세 번이나 옥에 갇혔던 현실에 체념했기 때문에 그토록 쉽게 잠에 빠졌는지도 모릅니다. 아니면, 잔혹한 심문 때문에 베드로 자신의 의지와는 다르게 육체가 깊은 잠으로 달려갔는지도 모릅니다. 베드로의 성품과 과거의 행적을 살펴볼 때, 이런 해석이 좀 더 설득력을 가질 수 있습니다.

> 이에 베드로가 정신이 들어 이르되 내가 이제야 참으로 주께
> 서 그의 천사를 보내어 나를 헤롯의 손과 유대 백성의 모든
> 기대에서 벗어나게 하신 줄을 알겠노라 하여(행 12:11).

"이제야 참으로"라는 구절에서 알 수 있듯 베드로는 천 _{하나님이 하신 일} 사가 사라진 후에야 하나님이 하신 일을 깨닫습니다. 출옥 이전에 베드로가 하나님을 신뢰했기 때문에 잠들었다는 해석이 옳지 않음은 이 부분을 통해 짐작할 수 있습니다. 베드로의 출옥은 베드로의 의지가 아니라 철저한 하나님의 주도로 이뤄졌습니다.

여기서 우리는 한 가지 질문을 던져야 합니다. 하나님이 왜 베드로를 구하셨을까요?

상식적으로 생각하면 사랑하기 때문이라고 할 수 있습니다. 하나님의 백성이 고난 가운데 놓였을 때 하나님은 백성을 사랑하셨기에 그곳에서 구해내신 겁니다. 우리가 흑암의 절망에 놓여 있고, 구덩이에 던져짐을 당할지라도 하나님은 불가능의 벽을 허물고 우리를 건지십니다. 그것은 우

리를 사랑하기 때문입니다.

하지만 하나님이 베드로를 건지신 데에는 사랑 말고 또다른 이유가 있습니다. 그 이유를 찾기 위해 우선 야고보의 죽음을 살펴보겠습니다.

야고보의
죽음 하나님이 베드로를 사랑하여 생명을 구하셨다면 야고보는 사랑하지 않은 걸까요? 어려운 질문입니다. 비슷한 경우라도 그 결과가 다를 때, 우리는 혼란에 빠집니다. 게다가 전지전능한 하나님의 일이라면 더욱 그러합니다. 하나님은 누군가의 순교는 바라보시고, 누군가는 몇 번이나 목숨을 구해주셨습니다. 성경에는 우리의 지혜로 설명할 수 없는 일들이 허다하게 벌어지고, 그럴 때마다 우리는 어떤 방향으로 생각을 옮겨야 할지 가닥을 잡지 못합니다. 하나님은 당연히 야고보를 살릴 수 있으셨습니다. 하지만 사람의 힘으로 도저히 구할 수 없었던 베드로는 천사까지 동원해서 구해주셨는데, 야고보는 살리지 않으셨습니다. 초대교회 첫 순교자로 야고보를 택하셨기 때문입니다. 야고보의 생명을 거두어간 것, 베드로를 세 번이나 구한 것, 그 모든 일에는 하나님의 뜻이 담겨 있습니다. 비슷한 상황에서 전혀 다른 일이 벌어지는 것 또한 하나님만의 지혜에서 비롯되는 것입니다. 삶이 복이고 죽음이 고통이라는 생각은 세상의 기준에서 나온 것입니다. 영적인 기준으로 볼 때 '삶과 죽음의 갈림길'은 철저히 하나님의 손에 붙들린 것입니다.

우리가 이 땅에 남아 있는 이유는 크게 두 가지입니다. 하나는 아직 하나님나라로 들어갈 실력이 안 되기 때문이고, 다른 하나는 우리를 통해 하나님이 하실 일이 남아 있기 때문입니다. 야고보를 데려가신 것은 그를 통해 이루실 일을 완성하기 위해서고, 베드로를 구한 것 또한 그를 통해 이루실 하나님의 사명이 있기 때문입니다.

이 땅에 남아 있는 이유

이해를 돕기 위해 사극을 예로 들어보겠습니다. 죄수를 실은 달구지를 포졸들이 끌고 갑니다. 포졸들은 강한 햇빛 아래 달구지와 창을 끌고 먼지를 뒤집어쓴 채 고갯길과 황토길을 힘들게 걸어갑니다. 반면 죄수는 편안하게 앉아서 실려갑니다. 여기서 죄수의 편안함은 행복이고, 포졸의 불편함은 불행일까요? 물론 표면적인 모습을 통해 편안함이 행복이고, 불편함이 불행이라고 판단할 수 있습니다. 좀 더 먼 미래를 볼 때, 곧 죽을 죄수가 불행하고 그나마 목숨을 유지하는 포졸은 행복하다고도 할 수 있습니다.

앞서 말한 두 기준은 세상적인 것입니다. 하지만 하나님의 시선은 다릅니다. 이때 죄수가 가야 할 길, 죽음 이후의 세계에 대해 세상의 기준은 아무런 해답을 줄 수 없기 때문입니다. 세상적인 기준으로는 죄수를 끌고 가는 포졸의 남은 삶을 예측할 수도 없습니다. 눈앞에 보이는 것은 잠시 잠깐의 안락함과 남은 삶 정도가 전부입니다. 하지만 하나님의 기준은 그것 너머에 있습니다. 하나님이 베드로를 사랑하셔서 건져내신 것은 당연한 이치입니다. 하지만 하나님이 베드로를 구한 진정한 이유는 이방 땅으로 번져가기 시작한 교회를 더욱 견고히 하기 위한 도구로 베드로를 선택하셨기 때문입니다. 베드로가 살 수밖에 없는 이유는 이 땅에서 해야 할 일이 남아 있기 때문입니다.

우리는 이 땅에 있는 두 가지 이유를 명심해야 합니다. 하나는 더 빚어지고 깎이고 다듬어져야 할 성숙의 과제, 또 하나는 그것을 통해 이루실 하나님의 일 때문입니다. 그 임무를 충실히 해낸 사람은 나이와 형편에 상관없이 하나님이 부르십니다. 바울은 "내가 그리스도와 합하여 하나님 품에 거하는 것이 더 좋으나, 아직 이 땅에서 해야 할 일이 남았기에 부득불 머물기를 원한다"고 했습니다. 이처럼 우리 그리스도인은 생사의 구분을 초월해야 합니다. 살아서 할 일이 있고 죽어서 부름 받아 갈 곳이 있는 존재가 우리 그리스도인이기 때문입니다. 우리는 삶과 죽음의 문제를 넘어 현재의 신앙을 키워나가야 합니다.

표면적으로 예루살렘 교회는 위기에 처했습니다. 야고보
가 죽었습니다. 베드로마저 옥에 갇혀 죽음을 기다리고 있었습니다. 'To be or not to be', 존재하느냐 사라지느냐 하는 절체절명의 위기 가운데 예루살렘 교인이 할 수 있는 일은 무엇일까요? 간절히 기도하는 것 외에는 없습니다. 오늘날 한국교회에 위기가 찾아온다면, 우리가 할 일 또한 기도뿐입니다. 하지만 우리에게 웬만해서는 절체절명의 위기가 찾아올 기미는 보이지 않습니다. 그런 이유로 말씀 듣는 시간, 성경공부 하는 시간에 비해 기도하는 시간이 점점 줄어들고 있습니다. 위기가 없기에 기도하지 않는 것인지 간절히 기도하지 않기 때문에 애초에 위기가 찾아오지 않는 것인지, 그 전후가 불분명할 정도로 평온하고 배부른 신앙생활을 할 수 있는 환경이 찾아왔습니다. 교회와 성도의 삶 속에 예루살렘 교인과 같은 절박성이 사라지고 있습니다. 이것은 대단한 영적 손실입니다.

1907년, 평양에서 시작된 한국교회는 기도하는 자리에 있었습니다. 그러나 지금은 모든 것이 넉넉해졌고 절박한 일들이 점점 줄어들면서 더 이상 기도하지 않습니다. 한국 교회가 회복해야 할 과제가 있다면 기도입니다. 영적인 굶주림, 애통하는 기도, 간절한 기도를 되찾아야 합니다. 고난이 사라졌기 때문에 간절한 기도도 사라졌다는 것은 참으로 아이러니한 일입니다. 그것은 고난이 닥쳐야 간절한 기도가 따라온다는 말과도 같은 이치이기 때문입니다. 일제강점기, 한국전쟁과 같은 역사의 고통에는 울부짖는 기도가 있었습니다.

생명을 건
기도

그 모든 것이 지나고 난 지금은 어떻습니까? 기도하지 않습니다. 기도의 회복은 그런 사건이 벌어지기 전에 이뤄져야 합니다. 동란을 겪으면서는 부르짖음의 기도가 있었습니다. 세계적으로 가장 기도 많이 하는 교회는 북한의 지하 교회와 중국의 지하 교회입니다. 6·25 전쟁 때 교회를 지키겠다고 피난가지 않았던 신실한 장로님과 권사님과 목사님의 후예들, 비밀리에 예배드렸던 지하 교회들입니다. 북한을 자주 드나들고 고위직 인사와도 대면하는 유명인사의 증언에 의하면, 지금도 북한에는 예배드리다가 적발돼

고문 끝에 사형을 당하는 순교자들이 있다고 합니다. 평양 순안공항에 들어갈 때면 북한 군인들의 검색 목록 1호가 성경이라고 합니다. 엄격하고 치밀하게 검색을 해도 목숨 걸고 가져오는 사람들이 있기 때문입니다. 이들의 생명을 건 복음이 지금의 지하 교회를 있게 한 것입니다. 1907년 평양 대부흥회 이후 북한 당국은 "미제는 무섭지 않지만 예수 선생은 무섭다"고 할 정도였습니다. 다시 한번 1907년 대부흥이 일어나기를 바라야 할 때입니다. 북한 성도들의 피맺힌 기도가 남쪽으로도 이어져야 합니다. 우리도 정신 차리고 간절한 기도로 마음을 회복해야 합니다. 생명을 건 기도가 여러분의 가슴 한복판에서 회복되어야 합니다.

12절 말씀 "깨닫고 마가라 하는 요한의 어머니 마리아의 집에 가니 여러 사람이 모여 기도하고 있더라"에서 '여러 사람이 모여 기도하고 있더라'는 조금 엉뚱한 번역입니다. 원래는 '아주 많은 사람이 모여 기도하고 있더라'고 번역해야 합니다. 여러 사람과 아주 많은 사람은 강조점이 다릅니다. 아주 많은 사람이 고난의 때를 기도로 돌파했다는 것은 오늘날 교회가 되새겨야 할 부분입니다.

그들이 기도할 때, 베드로가 기도의 처소로 와서 문을 두

많은 자의 기도

드렸고, 로데라는 처녀아이가 베드로의 음성인 줄 알고 너무 기뻐서 문도 열지 않은 채 안으로 들어갔습니다. "베드로가 지금 대문 밖에 와 있습니다"고 말하자 사람들은 로데에게 미쳤다고 합니다. 놀라운 것은 기도가 실제로 이뤄졌음에도 그 사실을 믿지 못하는 사람들입니다. 그리고 더 놀라운 것은 그런 사람들을 알고 있음에도 기도에 응답하시는 하나님입니다. 우리가 기도한다고 해서 하나님이 무조건 응답하는 것은 아닙니다.

하지만 이런 미미하고 엉터리 같은 기도라도 그것을 들으시는 하나님은 그 기도의 근거와 목적에 귀 기울이십니다. 어떤 작은 소리라 할지라도 우리가 기도하면 하나님이 들으시고, 하나님의 뜻대로 그 일을 행하십니다. 베드로의 출옥을 위해 기도하면서 그 일이 이뤄질 것이라고 믿지 못했던 사람들처럼 우리 또한 지금의 기도가 이뤄지지 않을 것이라고 생각하고 있는지도 모릅니다. 그럼에도 그 기도를 들으시고 행하시는 이가 하나님이시므로, 우리는 기도할 뿐입니다.

1. 베드로의 출옥은 베드로의 믿음의 결과와 관련이 있는지 본문
을 중심으로 나누어보십시오.

2. 하나님이 베드로를 살리시기로 한 이유는 무엇입니까? 왜 우리는 베드
로의 출옥과 구명求命을 당연시할 수 없습니까?

3. 당시 초대교회 교인들의 수준은 어땠습니까? 왜 하나님은 이런 수준에
도 불구하고 이들의 기도를 들으셨습니까?

예배자가 읽는 책 앤서니 데스테파노Anthony Destefano의 《즉답기도*Ten prayers God always says yes to*》를 추천합니다. 기도의 비법을 소개하기보
다는, 기도를 들으시는 하나님의 본성(신실하심과 정직하심) 때문에 응답하실
수밖에 없는 바른 기도들을 소개하고 있습니다. 우리 심성에 조금 밋밋하
게 느껴질 수도 있으나, 기도의 본질과 응답의 상관관계를 보여주는 명저
라 느껴집니다. 김세윤의 《주기도문 강해》도 함께 추천합니다. 주님이 가르
쳐주신 기도의 기원, 특징, 구조, 다른 유대 기도들과의 차별, 그 내용 하나
하나의 성경신학적인 중요성을 깊이 있게 소개하고 있습니다.

06_ 하나님을 감동시키는 믿음

믿음과 기적: 하나님을 경험하는 삶

사도행전 12:12-17

깨닫고 마가라 하는 요한의 어머니 마리아의 집에 가니 여러 사람이 거기에 모여 기도하고 있더라. 베드로가 대문을 두드린대 로데라 하는 여자아이가 영접하러 나왔다가 베드로의 음성인 줄 알고 기뻐하여 문을 미처 열지 못하고 달려 들어가 말하되 베드로가 대문 밖에 섰더라 하니, 그들이 말하되 네가 미쳤다 하나 여자아이는 힘써 말하되 참말이라 하니, 그들이 말하되 그러면 그의 천사라 하더라. 베드로가 문 두드리기를 그치지 아니하니 그들이 문을 열어 베드로를 보고 놀라는지라. 베드로가 그들에게 손짓하여 조용하게 하고 주께서 자기를 이끌어 옥에서 나오게 하던 일을 말하고 또 야고보와 형제들에게 이 말을 전하라 하고 떠나 다른 곳으로 가니라.

하나님의 나라가 숨겨진
곳은 어디일까요? 이 세상
입니다. 그렇다면 누구든
기적을 체험한 뒤에도 늘
자기 자리로 돌아가야 합
니다. 베드로의 홀연한
사라짐은 바로 이것을
의미합니다.

사도행전 12장 15절 말씀인 "저희가 말하되 네가 미쳤다 하나 계집아이는 힘써 말하되 참말이라 하니 저희가 말하되 그러면 저의 천사겠지 하더라"를 주의 깊게 살펴봅시다. 우선 '힘써 말하되'를 그리스어로 옮기면 '디스퀴리조마이*diskurizomai*'입니다. 이 동사는 신약성경 전체에서 베드로와 관련하여 딱 두 번 등장합니다. 여기서 나오기 전에 누가복음 22장 59절, 베드로가 예수님의 체포 현장에서 예수님을 모른다고 부인하는 장면에서 사용됩니다.

한 시간쯤 있다가 또 한 사람이 장담하여 이르되 이는 갈릴리 사람이니 참으로 그와 함께 있었느니라(눅 22:59).

여기서 '장담하여'가 같은 단어인 '디스퀴리조마이'입니다. 그렇다면 두 상황을 엄밀히 따져보겠습니다. 먼저, 사도행전에서 헤롯 궁궐의 가장 내밀한 감옥에 갇혀 있던 베드로가 천사의 도움으로 기적처럼 탈출합니다. 불가능한 상황에서 풀려난 베드로가 지금 요한의 어머니 마리아 집 대문 앞에서 들어가지 못하고 있습니다. 무엇 때문에 못 들어가나요? 교회 공동체인 성도의 불신 때문입니다. 하나님은 사슬도 풀고 옥문도 여셨는데, 역사의 한복판에 선 주역 베드로가 그 문을 열지 못하고 있습니다. 교회의 위기를 위해서 기도했지만 베드로의 음성을 믿지 못하는 성도들 때문에 말입니다. 불신하는 사람들에게 이 여자아이가 '디스퀴리조마이' 라는 동사를 써가며 안타깝게 설득하고 있습니다.

이에 베드로는 전율했을 것입니다. 하나님께서는 한 인물을 당신의 종으로 쓰시기 위해서 그가 넘어졌던 실패의 자국을 집요하게 헤집습니다. '이게 바로 과거의 너다' 하고 베드로에게 그가 넘어졌던 현장을 보여주시는 것입니다. 그렇기 때문에 디스퀴리조마이는 한번은 베드로가 하나님을 부인하는 현장에서, 다른 한 번은 교회 공동체 사람들이 베드로의 출옥을 불신하는 현장에서 쓰였습니다. 사람들은 지금 밖에 선 자가 천사라고 하며 문을 열지 않습니다. 여기서 '천사' 는 누가가 의도적으로 선택한 단어입니다. 문 밖 보기를 거절하는 성도의 모습을 상징적으로 보여주기 위해서입니다.

베드로가 문 두드리기를 그치지 않자 마침내 문을 엽니다. 그때 그들은 어떤 반응을 보일까요? 깜짝 놀랍니다. 하나님의 감동으로 기록된 성경은 문학적 아름다움이나 음성학적인 효용을 위해 단어를 고르지 않습니다. 그러므로 '놀라는지라'라는 표현은 과장법이 아닙니다. 그것은 신앙의 눈금을 표시하기 위해서입니다. 우리가 믿음에 눈을 뜨고 하나님을 경험하며 신앙이 한 걸음씩 성장할 때가 언제입니까? '놀라는 인식'이 있을 때입니다. 신앙이 높아지는 단계는 신앙생활 속에서 하나님의 실존과 일하심에 대해 놀라움을 인식할 때입니다.

초대교회 성도들은 자기들이 기도한 것도 믿지 않았던 영성의 소유자들입니다. 이런 빈약한 영성이 문 밖의 베드로를 보고 한 단계 점프하는 순간을 맞이합니다. 그리고 그 순간을 '놀라는지라'고 묘사하고 있습니다. 이것은 하나님에게 놀랐다는 뜻입니다. "하나님이 하셨구나! 하나님이 살아 계시는구나!"하고 우리도 그들처럼 이렇게 놀라야 신앙이 성장할 것입니다.

언젠가 청년부 목사를 선정할 때 지원했던 목회자가 이런 간증을 들려주었습니다. 그가 중등부 교육전도사로 있던 시절, 여름수련회를 얼마 남겨두지 않고 임파선이 붓더니 점점 커졌다고 합니다. 학생뿐 아니라 교회 전체가 이 문제를 걱정했습니다. 그도 처음에는 절망했지만, 이상한 마음이 생겼다고 합니다. 저는 그것을 거룩한 오기라고 설명하고 싶습니다. 수련회 2주 전에 아이들 앞에서 선포를 했답니다. "2주 후에 임파선 덩어리가 사라져 깨끗해질 줄 믿습니다." 그는 간절히 기도했고, 정확히 2주 후에 그것이 사라졌다고 합니다. 2주 만에 나타난 전도사님을 보고 아이들이 얼마나 놀랐을까요? 그 교회는 수련회가 시작되기도 전에 은혜가 넘쳤다고 합니다.

중요한 것은 혹이 있다 없다가 아니라, 학생들이 그때 일을 중요한 신앙의 증거로 기억할 것이라는 사실입니다. 전도사님의 치유를 보고 학생들의 신앙이 한 단계 성장했을 테고, 하나님의 살아 계심을 체험하고 놀랐을 것입니다. 초대교회 사람들 역시 베드로를 보고 그러했습니다. 하나님의 살아 계심, 신앙의 증거는 놀라움에서 출발합니다. 기적은 신앙의 성장을 위한 발돋움이지, 기적 자체가 목적은 아닙니다. 그것을 통해서 우리의 신앙이 성장하는 것입니다.

> 베드로가 저희에게 손짓하여 조용하게 하고 주께서 자기를
> 이끌어 옥에서 나오게 하던 일을 말하고 또 야고보와 형제들
> 에게 이 말을 전하라 하고 떠나 다른 곳으로 가니라(행 12:17).

베드로의 출옥은 극적인 사건입니다. 만약 우리가 베드로였다면 '불의 사자, 탈옥하다' 라는 광고 전단지를 만들어 수많은 사람들에게 그 사실을 알릴 것입니다. 물론 이것은 자랑하기 위해서가 아니라 하나님의 능력과 복음을 전하기 위해서입니다. 하지만 하나님은 기적처럼 그를 구해 놓고 그냥 사라지게 하셨습니다. 그는 더 이상 본 무대에 등장하지 않습니다. 이후에는 바울과 바나바가 등장합니다. 예루살렘 교회의 시대가 막을 내리고 안디옥 교회의 시대가 열린 것입니다.

기적을 경험한 사람이 빠지기 쉬운 오류는 그 기적이 일 _{기적이 낳는} 반화되기를 바란다는 것입니다. 믿음의 길을 걷다보면 어 ^{오류} 떤 극한 경우에 하나님이 기적을 주시기도 합니다. 수많은 사역자, 그리고 일반 성도들이 그것을 체험했고 증거했습

니다. 하나님은 전지전능하신 분이니 기적을 행하시는 것은 당연한 일입니다. 하지만 이런 기적은 날마다 일어나지 않습니다. 기적의 목적이 이루어지면 우리는 다시 고난의 세상으로 돌아가야 합니다.

엘리야의 낙담 이 사실로 혼란을 일으켰던 인물이 엘리야입니다. 엘리야가 기도했을 때 이스라엘 전역에 3년 반 동안 비가 오지 않았습니다. 그가 다시 기도했을 때 거북이 등짝처럼 갈라진 가나안 땅에 다시 비가 왔습니다. 또한 그는 850명의 바알 선지자들 앞에서 누구의 신이 참 신인지 가늠하는 영적 결투를 벌이기도 했습니다. 많은 바알 선지자들 앞에서 엘리야는 하나님만을 의지했고, 하나님은 그에 응답하셨습니다. 이런 기적을 체험한 엘리야이지만 한 가지 사건을 해결하지 못하자 순식간에 낙담했습니다. 우상을 숭배하는 아합의 아내 이사벨이 엘리야의 기적을 듣고도 그를 죽이겠다는 의지를 굽히지 않았기 때문입니다. 그녀는 엘리야의 목숨을 앗아가겠다는 수배령까지 내렸습니다. 엘리야는 혼란에 빠졌습니다. 이토록 놀라운 기적이 역사했건만 어찌하여 그런 수배령이 떨어진 것일까. 낙담한 엘리야는 광야의 어느 로뎀나무 아래에 쓰러졌습니다. "하나님, 제 생명이 다한 것 같습니다. 이제 거두어주십시오."

이때, 하나님의 심정은 어떠했을까요? 마음이 아팠을 것입니다. "네가 그러고도 선지자냐"고 꾸짖을 만도 한데, 하나님은 그 투정을 다 받아주셨습니다. "일어나 밥 먹자." 그때 하나님이 엘리야에게 하신 말씀입니다. 하나님은 엘리야를 먹이고 재우셨습니다. 그리고 엘리야는 그곳이 아닌 호렙산 굴에서 회복되었습니다.

그곳에서 하나님이 엘리야에게 몇 가지 사인을 보여주셨 _{하나님의} 사인
습니다. 첫째, 천지를 뒤흔들고 산을 뽑아버릴 것 같은 강하고 급한 바람이 지나가는데, 거기 하나님이 계시지 않았습니다. 둘째, 모든 것을 뒤엎을 것 같은 지진이 지나가는데, 그 가운데도 하나님이 계시지 않았습니다. 모든 것을 불사를 것 같은 강렬한 불이 지나가는데도, 그 가운데 하나님이 계시지 않았습니다. 이것이 무슨 메시지입니까? 왜 이런 사인을 보냈을까요? 이것은 하나님의 속성에 관한 하나님 자신의 규정이고 계시입니다. "엘리야야, 내가 너희에게 계속 이런 심판의 하나님이면 좋겠느냐? 불로 심판하는 하나님, 강하고 급한 바람으로 심판하는 하나님, 모든 것을 뒤엎을 것 같은 지진으로 심판하는 하나님이면 좋겠

느냐?" 하고 반문하시는 것입니다. 이처럼 하나님은 미세한 음성 가운데 말씀으로 임재하십니다. 이제야 엘리야가 정신을 차리고 회복합니다. "하나님은 기적 가운데에도 역사하시지만 이렇게 말씀을 통해서 늘 활동하시는구나!" 그것을 깨달았기 때문입니다.

본문으로 돌아가서, 기적을 경험한 베드로가 일상으로 들어가는 부분을 살펴보겠습니다. 이것은 마태복음 13장의 천국 비유와 닮은꼴입니다. 어떤 농부가 밭을 갈다가 보화를 발견합니다. 이 보화는 하나님의 나라, 밭은 세상을 상징합니다. 그러면 하나님의 나라가 숨겨진 곳은 어디일까요? 이 세상입니다. 그렇다면 누구든 기적을 체험한 뒤에도 늘 자기 자리로 돌아가야 합니다. 베드로의 홀연한 사라짐은 바로 이것을 의미합니다.

하나님의 말씀은 흥왕하여 더하더라(행 12:24).

이 구절은 사도행전 전체에서 중요한 역할을 합니다. 이전까지 사도행전의 내용을 기억해볼까요? 스데반의 죽음, 사도들의 핍박, 야고보의 순교, 베드로의 출옥 등이 떠오릅니다. 누구는 죽고 또 누구는 살아납니다. 누구는 핍박당해서 쫓겨나고 누구는 그 핍박 속에서 증언합니다. 이 모든 것이 하나님의 지혜 가운데 이뤄졌습니다. 저마다의 사건과 방식은 다르지만 모두 복음의 확장을 위한 것이었습니다. 이제 출옥 후 베드로의 활약을 살펴보겠습니다.

> 사도와 장로들이 이 일을 의논하러 모여 많은 변론이 있은 후에 베드로가 일어나 말하되 형제들아 너희들도 알거니와 하나님이 이방인들로 내 입에서 복음의 말씀을 들어 믿게 하시려고 오래전부터 너희 가운데서 나를 택하시고, 또 마음을 아시는 하나님이 우리에게와 같이 저희에게도 성령을 주어 증거하시고, 믿음으로 저희 마음을 깨끗이 하사 저희나 우리나 분간치 아니하셨느니라(행 15:6-9).

이 장면은 최초의 종교회의를 보여줍니다. 예루살렘을 넘어 복음이 이방 땅으로 퍼지기 시작하자 일부 예수 믿는 유대인이 이미 복음을 들은 이방 그리스도인에게 다른 복음을 전한 게 문제를 만들었습니다. 그들은 예수를 믿고 성령을 받더라도 할례 없이는 구원을 받을 수 없다는 식의 형

최초의 종교회의

식을 강조한 복음을 주장했습니다. 이런 사태가 벌어지자 많은 그리스도인이 혼란에 빠졌습니다.

하나님의 대리인 이 문제를 중재할 사람으로 등장한 것이 예루살렘 본 교회에서 온 베드로입니다. 베드로가 참여한 이 종교회의는 이후 기독교가 가야 할 길을 정하는 아주 중요한 사건이 됩니다. 베드로는 이 역사적인 순간에 위대하신 하나님의 대리인으로 선 것입니다. 그가 살아남은 것은 바로 이 순간을 위해서입니다. 사도행전 15장 이후 베드로는 영영 사라집니다. 이런 일련의 사건을 되짚어보면, 우리가 감히 하나님의 지혜를 측량할 수 없다는 것을 명백히 알 수 있습니다. 어떤 이는 가난하고, 어떤 이는 환난을 당하고, 어떤 이는 억울하게 살아가지만, 그들은 제각각 삶을 통해 하나님께 쓰임 받습니다. 감옥에 투옥된 바울이 "환난과 결박이 나를 기다린다 하나 내가 복음을 증거하려 하는 일에는 내 생명을 조금도 귀한 것으로 여기지 아니하노라. 할 수 있거든 이 무슨 말이냐. 내게 능력주시는 자 안에서 모든 것을 할 수 있느니라"라고 말한 것은 이 때문인지도 모릅니다. 어떤 역경을 겪더라도 그 상황을 이용해 하나님께 쓰임 받을 것이라는 믿음이 분명했기 때문입니다.

이와 관련된 한 가지 예를 들어보겠습니다. 옛날 중국에 사마천이라는 사람이 있었습니다. 어느 날 그는 반역자로 몰려 참형과 궁형 중 하나를 선택해야 했습니다. 뜻밖에도 사마천은 궁형을 택했습니다. 사마천은 남성을 거세하는 굴욕적인 형벌인 궁형으로 목숨을 부지할 수 있지만 앞으로의 삶이 녹록치 않았을 것입니다. 많은 사람들이 그를 비웃고 비난했습니다. 그러나 사마천은 그런 치욕스런 삶 속에서 역사서 《사기史記》를 남깁니다. 그 책의 서문에 '다시는 중국에 이런 불행한 역사가 반복되지 않도록 역사를 남기기 위해 나는 살아남았다'고 기록합니다. 우리 그리스도인 또한 그와 같은 역할을 감당해야 합니다.

한 가지 이야기를 더 예로 들겠습니다. 강둑에 두 사람이 물에 빠진 어떤 사람을 바라보며 서 있습니다. 한 사람은 "거기 물살이 급하니까 들어가지 말라고 그랬지? 왜 들어갔어?" 하고 야단을 칩니다. 나머지 한 사람은 "팔을 빨리 저어봐!" 하고 훈수를 둡니다. 둘 중 누구의 행동이 더 옳다고 할 수 있을까요? 둘 다 잘못된 행동입니다. 그들은 판단하고 가르치려 했지만 몸을 던져 구하려고 하지 않았습니다. 그들처럼 말로 하는 일은 누구나 잘합니다. 하지만 그들은 그 누구도 구할 수 없습니다. 그 사람을 구하려면 물 속에 뛰어 들어가 건져내야 합니다.

하나님의 구원은 물에 빠진 사람을 구해내는 것 이상의 것을 우리에게 주십니다. 물에 빠진 우리를 살려낼 뿐 아니라 어떤 거친 파도와 물살에도 떠내려가지 않게, 그리고 물에서 맘껏 즐길 수 있게 수영 실력자로 만드는 것이 바로 하나님의 구원입니다.

하나님이 우리를 단순히 구원만 하려고 예수 그리스도를 보낸 것은 아닙니다. 그리스도는 우리를 위하여 스스로 가난한 자가 되셨습니다. 우리 삶의 모델은 예수 그리스도가 되어야 합니다. 그가 걸었던 삶은 구원의 길인 동시에 앞으로 어떻게 살아야 하는지를 보여주는 롤모델인 것입니다.

베드로를 살리시고, 그를 사라지게 하여 작은 자로 역사 속에 숨겨주시는 분이 하나님이십니다. 베드로 다음에는 바울이, 바울 다음에는 바나바가 차례로 사라집니다. 우리는 그들이 등장하고 사라짐에 따라 믿음의 크고 작음이나 행복과 불행을 판단해서는 안 됩니다. 이 땅에서 우리가 판단할 수 있는 사람은 단 한 명도 없습니다. 그저 우리는 주어진 삶의 과제를 묵묵히 순종으로 해나가야 합니다.

**예배자가
걷는 길** 1. 최근 당신의 하나님에 대한 인식은 어떤 계기를 통해 발전했습
니까?

2. 기적과 일상의 관계를 자신의 말로 정리해보십시오.

3. 베드로는 사라지고 바울과 바나바를 등장시키시는 하나님의 주권과 지
혜 앞에서 무엇을 느낍니까?

**예배자가
읽는 책** 이동원의 《열두 문, 열두 돌》은 구약의 12지파, 신약의 12제자에
관한 연구서로 시대의 역작이라 할 수 있습니다. 베드로뿐 아니
라 다른 사도들의 면모도 볼 수 있습니다. 또한 김서택의 《고난보다 더 큰
기쁨》과 《희망의 항해》는 베드로전후서 강해집입니다. 베드로가 예수의 손
에 잡혀 어떤 사상가, 목회자, 신학자, 선교사로 다듬어졌는지 저자의 강해
를 통해 새롭게 발견하게 될 것입니다.

07_   믿음으로 하나님께 다가가기

믿음과 대적: 선한 바나바의 담대한 선포

사도행전 13:1-12

안디옥 교회에 선지자들과 교사들이 있으니 곧 바나바와 니게르라 하는 시므온과 구레네 사람 루기오와 분봉 왕 헤롯의 젖동생 마나엔과 및 사울이라. 주를 섬겨 금식할 때에 성령이 이르시되 내가 불러 시키는 일을 위하여 바나바와 사울을 따로 세우라 하시니, 이에 금식하며 기도하고 두 사람에게 안수하여 보내니라. 두 사람이 성령의 보내심을 받아 실루기아에 내려가 거기서 배 타고 구브로에 가서, 살라미에 이르러 하나님의 말씀을 유대인의 여러 회당에서 전할새 요한을 수행원으로 두었더라. 온 섬 가운데로 지나서 바보에 이르러 바예수라 하는 유대인 거짓 선지자 마술사를 만나니, 그가 총독 서기오 바울과 함께 있으니 서기오 바울은 지혜 있는 사람이라. 바나바와 사울을 불러 하나님의 말씀을 듣고자 하더라. 이 마술사 엘루마는 (이 이름을 번역하면 마술사라) 그들을 대적하여 총독으로 믿지 못하게 힘쓰니, 바울이라고 하는 사울이 성령이 충만하여 그를 주목하고, 이르되 모든 거짓과 악행이 가득한 자요 마귀의 자식이요 모든 의의 원수여 주의 바른 길을 굽게 하기를 그치지 아니하겠느냐. 보라 이제 주의 손이 네 위에 있으니 네가 맹인이 되어 얼마 동안 해를 보지 못하리라 하니, 즉시 안개와 어둠이 그를 덮어 인도할 사람을 두루 구하는지라. 이에 총독이 그렇게 된 것을 보고 믿으며 주의 가르치심을 기이히 여기니라.

그러므로 파송자는 오직
성령이십니다. 교회는
성령의 계획에 협조하여
사람을 배웅하는 일을 할
뿐입니다.

──────── 기독교의 역사는 사도행전 13장부터 새로운
출발선상에 섭니다. 예루살렘 중심의 기독교가 막을 내리
고, 본격적으로 이방 선교와 전도를 위해서 안디옥 교회에
서 최초의 선교사를 파송합니다.

그 첫 번째 등장인물 바나바는 유대인으로, 굉장히 착한
사람이었고 성령 충만한 리더였습니다. 바울을 거절하는
성도들에게 그를 형제로서 소개하고 격려했던 인물이 바로
바나바입니다. 두 번째는 니게르라 하는 시므온입니다. 니
게르라는 '피부가 검다'는 뜻이고, 시므온은 유대식 이름
입니다. 학자들은 니게르는 에티오피아 사람이었는데, 나
중에 개종을 해서 유대인이 되었다고 추측합니다. 이 부분
은 성경이 침묵하고 있기 때문에 정확히 알 수가 없습니다.
세 번째 사람인 루기오는 이름만 봐서는 라틴 배경을 가지
고 있습니다. 다시 말해서 정통유대인이 아니라는 뜻입니
다. 네 번째는 분봉왕 헤롯의 젖동생입니다. 젖동생은 나이

차가 많이 나지만 함께 자란 동생을 말합니다. 이 사람은 지체 높은 집안 출신입니다. 마지막으로 사울이 등장합니다. 그는 나중에 바울로 이름을 바꿉니다.

성령이
인도한
파트너십

이 다섯 명이 안디옥 교회의 초창기 지도자였습니다. 여기서 우리가 관심 있게 볼 것은 이름의 배열입니다. 제일 먼저 바나바가 등장하고 마지막에 사울이 나옵니다. 후에 성령께서 이 두 사람을 따로 세워서 안디옥 교회의 최초 파송 선교사가 되게 하셨습니다. 이것은 제일 앞과 제일 뒤에 위치한 사람이 힘을 합한 것입니다. 누가가 이 이름의 배열을 정해진 중요성에 따라 기록했다는 것을 우리는 짐작할 수 있습니다. 교회에서의 책임, 역할 그리고 인지도에 따라 이 배열을 결정했는지도 모릅니다. 제일 먼저 바나바가 등장하는 것은 바나바가 안디옥 교회의 가장 중요한 지도자였다는 뜻입니다. 그렇다면 사울이 마지막에 기록된 것은 다섯 중 가장 낮은 인지도와 역할을 맡고 있었기 때문입니다. 물론 우리는 훗날 사울이 어떤 활약을 할 것인지 알고 있지만, 그의 활약 초기는 아직 미심쩍은 존재로 의심의 눈초리를 받았던 듯합니다. 그렇다면 선교사로 바나바와 사울이 함께 간다는 것은 첫째와 꼴찌를 짝지어주었다는 것을 의미합니다. 성령님은 왜 이런 파트너십을 허용하셨을까요?

이것에 대답하기에 앞서 한 가지 사건을 살펴보겠습니다. 우리나라 교계에 소란이 한 번 있었습니다. 한국 개신교를 대표할 만한 교회의 창립자이며 담임목사인 목회자가 은퇴를 선언한 것입니다. 교단의 성도와 관련 기관 등 다양한 곳에서 엄청난 광고비를 들여 은퇴를 반대한다는 결의안을 신문에 실었습니다. 저는 그때 그 광고를 비판했고, 지금도 달리 생각하지 않습니다. 타 교회의 문제이기 때문에 어떤 의견을 내세울 자격이 제게는 없습니다. 하지만 이것 하나만은 지적하고 싶습니다. 교회 공동체는 한 사람의 영향력에 의해서 좌지우지되는 공간이 아닙니다.

목사가 사임하거나 다른 목회지 혹은 선교지로 옮긴다고 해서 교회가 흔들린다면 그 교회는 건강한 목회지가 아닙니다. 기독교의 핵심 가치를 붙들고 성결하게 성경의 진리를 구축한 교회라면 한 사람이 들어가고 다른 한 사람이 나온다고 해서 흔들릴 수 없습니다. 그렇다면 그것은 교회가 아니라 사회단체입니다. 하나님이 핵심 지도자인 바나바를 안디옥 교회에서 빼내신 이유는 바로 이것입니다. 권위자

교회 공동체의 역할

요 탁월한 리더였으며, 출중한 성품의 소유자인 바나바를 뽑아서 다른 곳으로 보냅니다. 이 사건은 교회가 사람의 영향력으로 움직이는 것이 아니라 하나님의 온전한 몸체라는 사실을 증명합니다. 그렇다면 바울과 함께 떠난 사울을 어떻게 해석할 수 있는지 깊이 생각해보겠습니다. 안디옥 교회의 입장에서 볼 때, 사울은 그다지 중요한 인물이 아니었습니다. 그가 다른 곳으로 가는 것에 아쉬워하지 않았습니다. 하지만 얼마 지나지 않아 '바나바와 사울'이 '사울과 바나바'로, 이름의 서열이 변하는 것을 성경에서 발견할 수 있습니다. 새로운 선교지에서의 중요도가 바나바에서 사울로 이동한 것입니다. 이것은 하나님이 하시는 일을 뜻합니다. 교회에서 작은 존재로 평가받은 사울과 큰 영향력을 행사하던 바나바를 동역자로 세운 이유는 앞으로 펼쳐지는 선교가 성령의 영향 아래 이뤄진다는 증거를 보여주기 위해서입니다. 세상의 모든 일이 사람이 하는 것처럼 보일지라도 이처럼 그 사람의 영향력이나 탁월함이 아닌, 하나님의 역사하심에 따라 움직인다는 사실을 우리는 기억해야 합니다.

성경을 다시 한번 보겠습니다. 사도행전 13장 2절 '주를 섬겨 금식할 때에'에서 한글성경에는 '섬겨'라고 표현되어 있지만, 그 원뜻은 봉사가 아니라 '예배한다'입니다. 교회 공동체의 핵심 가치는 예배입니다. 어떤 사역과 봉사도 예배보다 우선일 수 없습니다. 이들은 먼저 예배했고, 그다음에 금식했다고 합니다. 예배는 간단히 말해서 하나님께 집중하는 시간입니다. 그러면 금식은 무엇입니까? 외부로부터 들어오는 음식을 끊는 것입니다. 먹는 것만큼 힘을 쓰는 사람이 금식을 한다는 것은 외부로부터 들어오는 힘을 끊는 것을 의미합니다. 이것은 오로지 하나님께만 집중한다는 뜻입니다. 안디옥 교회는 중요한 결정을 앞두고 예배(하나님께 집중)와 금식(외부적인 영향력을 끊음)에 전념합니다. 우리는 안디옥 교회의 모습에서 바른 기독교인의 삶, 그리고 교회가 이뤄낼 비전을 배워야 합니다.

　이런 원리로 볼 때 교회회의는 그 명분과 내용이 무엇이든 간에 교인의 뜻을 반영하기 위한 것이 아닙니다. 그것은 하나님의 뜻을 결정하기 위한 모임입니다. 회의라는 형태로, 민주 절차를 밟아 토론하고 하나님의 뜻을 따르도록 하는 과정입니다. 이때 성령은 어떻게 말씀하셨습니까? '내가 불러 시키는 일을 위하여 바나바와 사울을 따로 세우라 하시니.' 여기서 '내가 불러 시키는 일'은 '내가 작정하여 계획한 그 일을 위하여'라는 뜻입니다. 하나님께서 작정하여 계획하신 그 일이란 바로 사울에게로 가지 않으려고 하는 아나니아를 향해서 성령께서 하신 말씀입니다.

> 주께서 이르시되 가라, 이 사람은 내 이름을 이방인과 임금들과 이스라엘 자손들에게 전하기 위하여 택한 나의 그릇이라. 그가 내 이름을 위하여 얼마나 고난을 받아야 할 것을 내가 그에게 보이리라 하시니(행 9:15-16).

성경 읽을 때 범하는 오류 이것이 사울에게 계획된 하나님의 목적이었습니다. 바나바와 사울을 따로 불러 세운 이유는 하나님의 일을 하기에 좋은 조건을 갖췄기 때문이 아니라 그들 각자를 통해 하나님께서 작정한 일이 있기 때문입니다. 우리가 성경을 읽을 때 범할 수 있는 오류는 사람의 강점과 처한 조건에 초점을 맞추려는 것입니다. 만약 그런 식으로 계속 성경을 읽는다면 위인전을 읽는 것과 다를 바 없는 해석이 나올 뿐입니다. 바나바의 강점과 능력에 초점을 맞추고, 사울이 행한 일에 감동하게 되면 평범한 독자인 우리에게 남는 것은 절망뿐입니다. 우리는 그와 같은 경지에 이를 수 없는 연약한 존재이기 때문입니다.

하나님은 만세 전에 이방인과 세상 임금 앞에서 하나님의 이름을 증거하기 위해서 바나바와 사울을 따로 세우셨습니다. 사도행전 13장 3절에 "이에 금식하며 기도하고 두 사람에게 안수하여 보내니라"는 말씀이 나온 것은 그 때문입니다. 이때 '보낸다'는 영어로 'to send'가 아니라 그리스어 '아폴뤼오apoluo'라고 해석해야 합니다. 그것은 '어떤 사람을 어떤 의무와 묶임으로부터 놔주다'라는 뜻입니다. 안디옥 교회가 바나바와 나중에 바울이 될 사울을 놔주었다는 뜻입니다. 보낸다, 혹은 파송한다의 진짜 의미는 4절에 가서야 나옵니다. 이때는 정말 'to send'와 정확하게 일치하는 그리스어 '에크펨포ekpempo'를 씁니다. 여기서 중요하게 짚어야 할 것은 파송은 교회가 하는 것이 아니라 성령이 하는 일이라는 사실입니다.

그렇다면 교회의 역할은 무엇일까요? 교회는 성령이 파 교회의 역할
송하기로 한 사람을 놔주는 역할을 해야 합니다. 이것이 성령과 교회의 올바른 협력관계입니다. 영혼을 구원하기 위해서 작정한 분은 하나님이시고 그 일을 하시는 분은 성령

이십니다. 그러므로 파송자는 오직 성령이십니다. 교회는 성령의 계획에 협조하여 사람을 배웅하는 일을 할 뿐입니다. 이러한 개념을 정립하지 않았기 때문에 목사가 떠나거나 사람이 떠나는 일로 일부 교회가 혼란에 빠지는 것입니다. 교회는 성령이 일하시는 것을 민감히 들여다보고 거기에 협력하고 순종해야 합니다. 우리에게는 머리이신 그리스도, 생명이신 성령에 순복하는 책임만 있을 뿐입니다.

성령의 파송을 받은 두 사람이 실루기아 항구에서 가장 먼저 간 곳은 바나바의 고향 구브로입니다. 이것은 예수께서 "내 증인이 되라"고 하셨을 때, 예루살렘을 구원의 구심점으로 삼으신 것과 동일합니다. 바나바가 가장 먼저 고향 구브로로 간 것은 제일 먼저 복음을 전해야 할 대상이 우리의 가족임을 암시하는 것입니다. 그는 구브로에서 흩어져 살던 유대인의 회당으로 찾아가 복음을 전했습니다. 그리스인들이나 이방인들을 먼저 찾아간 것이 아니라 아직도 예수를 알지 못하는 고향 사람들에게 복음을 증거한 것입니다.

구브로라는 섬은 고구마처럼 길쭉하게 생겼습니다. 그들은 이 섬의 살라미 항구에서부터 복음을 전해 바보라는 지

역까지 이릅니다. 바보는 내륙 쪽을 바라보고 있는 구 바보 무법지대
바보

와, 바닷가 쪽에 새로 개발된 신 바보로 나뉘는데, 이 지역에는 이 섬의 주신인 여신 비너스의 신상이 안치되어 있습니다. 그것으로 알 수 있는 것은 이곳이 로마제국이 온갖 못된 짓을 행하는 무법지대라는 사실입니다.

역사에 의하면 온갖 더럽고 악한 일들이 이곳에서 벌어졌습니다. 바보 사람을 지칭하는 '파피안papian'의 뜻은 '사창가 사람' 혹은 '더러운 동네 사람'입니다. 이곳에서 바울은 거짓 선지자와 마주칩니다. 이 거짓 선지자는 유대 시대 마기오라 불리던 마술사인데 이 자는 총독 서기오 바울의 비호 아래 지내고 있었습니다. 선거철이 되면 자신이 당선될 수 있을지 점쟁이에게 물어보는 정치가나 집안의 은밀한 대소사를 점으로 결정하던 사람이 로마시대에도 있었고, 그런 일을 맡아 했던 마술사는 고급 관리의 보호 아래 생활했습니다. 당시 마술사는 로마의 고급 관리의 보호를 받아 당당하게 살 수 있었습니다. 이처럼 이 섬은 영적으로 혼탁한 곳이었고 이곳 사람이 살아가는 방식은 곧 로마제국과 그 시대 사람의 표본이었습니다. 한편 이 섬의 총독으로 파견된 서기오 바울은 진리에 대한 갈급함을 가진

사람이었습니다. 하나님의 미쁘심을 엿볼 수 있는 것은 바로 사람의 묘한 심리 때문입니다. 열심히 죄를 짓고 살다가도 마음 깊은 곳에서는 '이러면 안 되는데, 이렇게 사는 게 아닌데, 과연 잘 살고 있는 걸까?' 하는 의문이 불쑥 들게 되어 있습니다. 그것은 태초에 하나님이 우리를 창조하실 때, 옳은 것을 향한 마음, 하나님의 성품과 닮은 마음을 불어넣었기 때문입니다.

서기오 총독에게 옳은 것을 향한 영적 갈망이 일어나기 시작했습니다. 그때 마침 낯선 두 사람이 도착했는데, 그들이 전하는 복음이 생명력이 있다는 소문을 듣고 서기오 바울이 바나바와 바울을 초청했습니다. 그러자 마술사 엘루마가 바나바와 바울을 대적하여 총독을 믿지 못하게 하려고 노력합니다. 고위직인 총독의 신뢰를 잃게 되면 마술사는 돈줄을 잃게 됩니다. 총독이 다른 진리로 눈을 돌리지 못하도록 엘루마가 방해하는 것은 당장의 실리를 추구하는 사람으로서는 당연한 일입니다. 이것이 바로 세상 사람의 철학입니다. 마술사의 이런 행동은 돈과 이해관계가 지배하는 현재 우리의 모습과 다르지 않습니다. 마술사가 아무리 초월적인 직업을 가졌다 할지라도 결국 그 끝은 돈으로 귀결되어 있는 것입니다.

사도행전 13장 10절에서 바울은 이 마술사에게 "모든 거짓과 악행이 가득한 자요 마귀의 자식이요 모든 의의 원수여 주의 바른 길을 굽게 하기를 그치지 아니하겠느냐"고 비난합니다. 성경 어디를 봐도 바울이 이와 같이 통렬하게 비판한 것을 찾을 수 없습니다. 그때 바울이 이토록 화를 낸 것은 비단 마술사의 행위에 분노했기 때문이 아닙니다. 그가 진실로 분노한 대상은 마술사가 아니었습니다. 마술사와 그 지역을 짓누르고 있는 어둠의 권세를 향해 폭발한 것입니다. 그는 어둠의 권세를 잡은, 사탄의 존재를 지적합니다. 그리고 우리에게 실체를 볼 것을 촉구합니다. 사도행전 13장은 두 세력이 대항하는 구조를 띠고 있습니다. 여기서 바울은 성령께서 사람이 아니라 사람을 잡고 있는 어둠의 권세를 보게 하신 것에 분노한 것입니다.

우리가 끝까지 붙들어야 할 것은 예수 그리스도가 십자가에 못 박혀 죽으시는 순간, "다 이루었다"고 하신 말씀입니다. 그리스도는 이미 사망의 권세를 깨치셨습니다. 우리 대신 죽음이라는 죗값을 십자가에서 치르셨습니다. 그것은 확보된 승리를 뜻합니다. 우리는 예수님의 보혈의 공로를

힘 입어, 믿음으로 성령께 붙잡혀 성령의 보내심을 받아야
합니다. 예수 없는 영혼, 예수 없는 문명, 예수 없는 사상,
예수 없는 생활방식은 마귀의 자식이자 어둠의 권세에 사
로잡힌 것입니다. 문제는 예수를 믿지 않는 영혼이 아닙니
다. 이 영혼이 예수의 생명으로 들어오지 못하도록 방해하
는 어둠의 권세에게 공식적으로 선전포고하는 일이 중요합
니다. 믿음의 의의는 바로 여기에 있습니다.

　승리는 예수 그리스도의 부활이 이미 증명하였습니다.
그다음 우리가 할 일은 선포입니다. 예수의 이름으로, 어둠
의 권세를 향해 예수를 믿지 못하도록 방해하는 모든 이의
원수를 향해 물러갈 것을 선포해야 합니다. 지금 우리에게
요구되는 것은 그것에 순종하는 일입니다.

예배자가 걷는 길 1. 하나님은 능력을 구비하고 준비된 사람만 쓰신다는 고정관념을 어떻게 탈피할 수 있는지 나눈 말씀을 중심으로 묵상해봅시다.

2. 바나바와 사울의 파송의 의미를 자신의 말로 다시 정리해보십시오.

3. 바울이 '어둠의 배후세력'에 분노했다는 말은 어떤 뜻입니까? 오늘날 감기만 걸려도 '귀신의 세력'이라 운운하는 태도와 어떻게 비교됩니까?

예배자가 읽는 책 마틴 로이드 존스Martin Lloyd Jones의 《인간의 곤경과 하나님의 능력The Plight of Man and the Power of God》을 읽으면, 믿는다고 하면서도 우리의 사고가 아직도 얼마나 인간의 능력, 지혜, 발견에 매어 있는가를 절감할 수 있습니다. 존 폴락John Pollock의 《사도 바울Paul: The Apostle》은 전기문학적인 흥미와 신약신학의 요점을 함께 갖춘 훌륭한 바울 소개서입니다. 사울(큰 자)이 변하여 바울(작은 자)이 됐다는 식의 낭만적인 바울 이해를 탈피시켜줄 좋은 책입니다.

08_ 　믿음으로 다시 돌이키다

믿음과 동행: 끝끝내 하나님께 설득 당한 바울

사도행전 16:1-10

바울이 더베와 루스드라에도 이르매 거기 디모데라 하는 제자가 있으니 그 어머니는 믿는 유대 여자요 아버지는 헬라인이라. 디모데는 루스드라와 이고니온에 있는 형제들에게 칭찬 받는 자니, 바울이 그를 데리고 떠나고자 할새 그 지역에 있는 유대인으로 말미암아 그를 데려다가 할례를 행하니, 이는 그 사람들이 그의 아버지는 헬라인인 줄 다 앎이러라. 여러 성으로 다녀 갈 때에 예루살렘에 있는 사도와 장로들이 작정한 규례를 그들에게 주어 지키게 하니, 이에 여러 교회가 믿음이 더 굳건해지고 수가 날마다 늘어가니라. 성령이 아시아에서 말씀을 전하지 못하게 하시거늘 그들이 브루기아와 갈라디아 땅으로 다녀가, 무시아 앞에 이르러 비두니아로 가고자 애쓰되 예수의 영이 허락하지 아니하시는지라. 무시아를 지나 드로아로 내려갔는데, 밤에 환상이 바울에게 보이니 마게도냐 사람 하나가 서서 그에게 청하여 이르되 마게도냐로 건너와서 우리를 도우라 하거늘, 바울이 그 환상을 보았을 때 우리가 곧 마게도냐로 떠나기를 힘쓰니, 이는 하나님이 저 사람들에게 복음을 전하라고 우리를 부르신 줄로 인정함이러라.

하나님은 한낱 지푸라기
혹은 에스겔 골짜기의
마른 뼈다귀를 통해서도
일하십니다. 말 못하는
짐승을 통해서도
메시지를 전하는 분이
하나님이십니다.

바울은 공식적으로 1차, 2차, 3차 선교여행을 ^{바울의
선교여행} 합니다. 세 번 모두 목적과 성격이 다릅니다. 1차는 무작정 복음의 씨를 뿌리는 선교여행이었습니다. 듣건 안 듣건, 반대하건 않건 무조건 복음을 전했던 것입니다. 그 때문에 죽을 고비와 엄청난 환난에 빠지기도 했습니다. 5년 만에 몸을 추슬러서 떠난 2차 선교여행은 1차 때 갔던 길을 거슬러 올라갑니다. 복음의 열매가 견고하게 자라고 있는지 양육을 확인하기 위해서입니다.

이 여행의 동반자가 실라입니다. 이때 머문 루스드라는 1차 선교여행의 첫 번째 장소로, 당시 소아시아지역이었던 그곳에는 유대인들이 흩어져 살고 있었습니다. 사도행전 14장 8-21절이 증언한 대로, 바울과 바나바의 사역으로 앉은뱅이가 일어나자, 성 안 사람들은 그들을 그리스 신화에 나오는 제우스와 그의 전령 헤르메스로 알고 제사 지내려고 했고, 바울과 바나바는 기겁하며 그것을 제지하였습니다. 그후 이들의 전도사역을 이단시 한 유대인들이 바울을 돌로 친 곳 역시 루스드라입니다. 바울 복음을 열혈적으로 반대했던 유대인들과 그 추종 세력이 "돌로 바울을 쳐서 죽은 줄 알고 성 밖에 끌어 내"(14:19)쳤으나, 바울은 다시 일어나 조금 전 돌로 침을 당했던 그 성 안으로 다시 들어갔습니다. 잔인한 폭력 때문에 몸과 마음이 상처 입은 바울은 그 아픔을 쉽사리 잊을 수 없었습니다. 아니, 마음의 상처가 사라졌다 하더라도 그의 몸에는 깊은 상흔이 남아 있었을 것입니다.

5년 만에 바울은 상처의 루스드라를 다시 찾았습니다. 그리고 이곳에서 디모데와의 뜻깊은 조우를 하게 됩니다. 본문의 첫 구절을 보면 디모데의 어머니가 유대 여자, 아버지가 헬라인이라고 디모데를 소개합니다. 그리고 디모데는 이고니온에까지 소문난 칭찬받는 성도였습니다. 이고니온은 루스드라와 20킬로미터 떨어진, 꽤 먼 마을입니다. 바울은 실라, 그리고 디모데와 함께 당시의 아시아 지역(지금의 터키 지역)으로 가 복음을 전하려고 합니다. 그러나 예수의 영이 허락하지 않았습니다. '예수의 영'은 성령님을 가리키는 하나의 별칭입니다. 성령은 자기를 자랑하는 분이 아니시고, 예수 그리스도를 드러내고 깨닫게 하여, 우리를 진리 가운데로 인도하는 분입니다. 그래서 성령이 충만한 사람은 자기를 감추고 예수만 드러냅니다. 이것이 성령님을 '예수의 영'이라고 말하는 이유입니다. 바로 이 성령이 아시아 지역으로 가려는 바울 일행을 막으셨습니다.

사도행전 16장 9절 말씀을 유심히 살펴보겠습니다. "밤에 환상이 바울에게 보이니 마게도냐 사람 하나가 서서 그에게 청하여 이르되 마게도냐로 건너와서 우리를 도우라 하거늘." 환상을 본 바울은 일행과 함께 마게도냐(지금의 유럽 근방)로 가기 위해 드로아에서 배를 탑니다. 이때 마게도냐의 첫 성 빌립보에 도착할 때까지 불과 이틀밖에 걸리지 않았습니다. 하나님이 순풍을 불게 하셔서 마게도냐에 손쉽게 향하도록 하셨기 때문입니다.

여기서 우선 한 가지 질문을 하겠습니다. 하나님은 왜 아시아로 가려던 바울의 길을 막고 마게도냐로 옮기셨을까요? 어떤 사람은 만약 이때 복음이 아시아로 왔다면 복음의 능력과 은혜로 아시아인이 서양인보다 훨씬 더 잘 살게 되었을 것이라는 아쉬움과 바울이 인종을 차별했다는 선입견에 빠지기도 합니다. 그러나 이것은 근거 없는 말입니다. 아시아로 가려던 바울의 발걸음을 돌려 마게도냐로 가게 하신 이유는 성경에 숨겨져 있습니다. 바울이 디모데를 만난 현장으로 돌아가 2-3절의 말씀을 살펴보겠습니다.

> 바울이 더베와 루스드라에도 이르매 거기 디모데라 하는 제자가 있으니 그 어머니는 믿는 유대 여자요 아버지는 헬라인이라. 디모데는 루스드라와 이고니온에 있는 형제들에게 칭찬 받는 자니, 바울이 그를 데리고 떠나고자 할새 그 지역에 있는 유대인으로 말미암아 그를 데려다가 할례를 행하니, 이는 그 사람들이 그의 아버지는 헬라인인 줄 다 앎이러라(행 16:2-3).

바울의 모순된 행동

여기서 바울은 이율배반적인 행동을 합니다. 당시 교회는 이방인의 할례 문제로 종교회의까지 벌였습니다. 바울이 복음을 전한 후 이방인들이 줄지어 예수를 믿었고, 예루살렘으로 들어온 유대 선생은 그들의 신앙을 인정하는 대신 믿음의 표시로 할례를 요구했습니다. 할례가 하나님의 자녀가 되는 조건이 되었던 것입니다. 그때 바울은 믿음의 조건으로 할례를 내세우는 것에 반대했습니다. 특히 이방인의 할례를 가장 극렬하게 반대했습니다. 그러나 지금 바울은 디모데에게 할례를 행하게 했습니다.

바울이 과거의 입장과 다르게 행동한 이유는 무엇일까요? 그것은 비록 디모데가 유대인이라 할지라도 아버지가 헬라인이기 때문입니다. 실라와 함께 디모데를 대동하여 선교여행을 떠나기로 결심한 바울로서는 복음을 전하는 데 장애가 되는 모든 것들을 차단할 수밖에 없었습니다. 그중 첫 번째로 한 일이 디모데에게 할례를 행한 것입니다. 바울은 복음으로만 구원이 이뤄진다는 것을 알고 있었지만, 그 복음을 전하려는 상대가 유대인이었기 때문에 디모데에게 할례를 권한 것입니다.

복음으로 완성되는 구원

이처럼 하나님이 가말리엘 문하의 완벽주의자, 결벽주의자, 열성당원인 바울을 택하여 사용하신 데에는 그만한 목적이 있습니다. 이방인에게 복음을 전하고, 유대인과 이방인의 화합을 도모하고, 지혜롭게 문제를 해결하는 데 바울은 탁월함을 지녔습니다. 하지만 문제는 현재 바울의 선교 목적이 이방인이 아니라 유대인에게 복음을 전하는 것이라는 사실입니다. 이것은 하나님의 계획이 아닙니다.

바울은 '하나님의 그릇'으로 움직여야 했습니다. 그러나
바울은 소아시아와 이방인에게 복음을 전하기 전에 그 지
역에 흩어져 있는 유대인에게도 복음을 전하겠다는 좁은
소견을 가지고 있었습니다. "널리 퍼져 사는, 내가 택한 백
성들, 땅 끝에 사는 그들에게로 가라. 너는 지금 거기서 머
뭇거리지 마라. 그것이 내가 널 택한 목적이 아니다." 하나
님은 바울에게 이렇게 말씀하셨을 것입니다. 환상을 보게
하셔서 그를 드로아 부둣가에 세웠고 배를 태워 보내셨습
니다. 땅 끝에 있는 하나님의 택함 받은 백성에게 복음을
전하는 일이 얼마나 다급하셨던지 그 먼 거리를 단 이틀 만
에 도착하게 하셨습니다. 우리는 이 사건을 보고 성령이 바
울을 통해 이루실 땅 끝까지의 복음전파가 얼마나 다급한
일이었는지를 실감할 수 있습니다. 여기서 살펴볼 말씀이
있습니다.

예수 그리스도의 사도 베드로는 본도, 갈라디아, 갑바도기아,
아시아와 비두니아에 흩어진 나그네, 곧 하나님 아버지의 미
리 아심을 따라 성령의 거룩하게 하심으로 순종함과 예수 그
리스도의 피 뿌림을 얻기 위하여 택하심을 받은 자들에게 편

지하노니 은혜와 평강이 너희에게 더욱 많을지어다(벧전 1:1-3).

비두니아는 누가 가고자 했던 지역입니까? 바울입니다. 그런데 하나님은 누구를 보내셨습니까? 베드로를 보냈습니다. 정통 히브리인 베드로가 아시아에 흩어져 있는 유대인에게 복음을 전하기에 가장 적합한 인물이었습니다. 또한 그는 고넬료 집안의 사건으로 인해 이방인과 유대인 모두에게 열린 마음을 가질 수 있었습니다. 반면 바울은 순전히 이방의 영혼들을 향해 나아가야 했던 인물이었습니다.

다시 본문으로 돌아가서 말씀을 보겠습니다. 환상을 본 후에 이제까지 2인칭 주어인 '너희'가 '우리'로 변한 것을 발견할 수 있습니다. 인칭 변화에서 우리는 의사 누가가 바울의 선교여행에 동참했다는 사실을 알 수 있습니다.

그렇다면 이 환상의 의미를 다시 한 번 따져보겠습니다. 환상의 의미
마게도냐의 환상은 바울이 하나님의 말씀을 따르지 않았기 때문에 보여주신 것이지 '선교의 비전'으로 해석할 수는 없습니다. 환상을 보여주신 이유가 바울이 하나님의 뜻을 신속하게 깨닫지 못했기 때문입니다. 우리는 간혹 하나님께 환상을 보여달라고 요구합니다. 하지만 그것이 올곧게

좋은 것이라고 할 수 없는 이유를 바울의 환상으로 확인할 수 있습니다. 환상이 궁극적으로 하나님의 계획을 보이신 것은 사실이지만, 그 동기와 과정은 바울이 하나님 보시기에 바른 길을 걷지 않았다는 것입니다. 고집이 세고 완벽주의자에 학식과 경험이 출중한 바울은 좀처럼 타인의 말을 듣지 않았습니다. 그런 바울이기에 비두니아로 가려고 기도하며 준비했다는 사실에 미련을 크게 두었을 것입니다. 바울의 마음을 돌릴 수 있었던 것은 오로지 하나님이 보여주신 환상뿐이었습니다. 그것에 설득당해 그가 하나님이 가라 하시는 길을 인정한 것입니다. 이때 성령은 의사인 누가를 붙여주셨습니다. 그리고 순풍도 불게 하셨습니다. 이 일련의 일들을 통해 하나님은 차근히 바울을 설득하셨습니다. 바울을 사랑하셔서 그와 함께 일하기를 원하셨기 때문입니다.

하나님은 한낱 지푸라기 혹은 에스겔 골짜기의 마른 뼈다귀를 통해서도 일하십니다. 말 못하는 짐승을 통해서도 메시지를 전하는 분이 하나님이십니다. 바울 하나 정도 없다고 해서 일을 못하실 분이 아닙니다. 그런데 왜 고집쟁이 바울을 하나님이 설득하신 걸까요? 바울과 동행하기를 원하셨기 때문입니다.

하나님과 바울의 이야기를 교회에 적용해보겠습니다. 우 헌금과 헌신
리가 왜 헌금을 할까요? 헌금이 없다고 교회가 무너질까
요? 하나님이 당신의 일을 하지 못할까요? 그렇지 않습니
다. 하나님은 무에서 유를 창조하는 분이십니다. 그렇다면
왜 헌금을 해야 할까요? 이유는 하나입니다. 우리가 헌금
을 드리고 교회 일에 참여하는 이유는 하나님이 우리와 함
께 당신의 일을 하기를 원하시기 때문입니다. 이것이 헌금
과 헌신의 바른 의미입니다. 우리가 가진 것이 많거나 대단
해서 헌금하고 헌신하라는 것이 아닙니다. 그분은 우리와
함께 가기를 원하시기 때문에 우리의 헌금과 헌신을 기다
리는 것입니다.

바울의 이야기를 통해 우리가 하나님의 말씀을 순종하게 끝끝내 기다리신 하나님
되었다고 말하는 것은 어딘가 모르게 어폐가 있습니다. 왜
냐하면 우리가 순종하기까지 바울에게 한 것처럼 하나님은
오랫동안 다양한 작업을 통해 인내하셨기 때문입니다. 문
제는 아직까지 우리가 그것을 알아차리지 못한다는 것입니
다. 하나님은 우리가 알아차릴 때까지 끝끝내 기다리십니
다. 그렇게 순종하도록 해놓으시고 그 순종을 칭찬해주시

는 분이 하나님이십니다.

우리가 알아야 할 것은 이 본문의 주인공이 바울도 아니고, 선교의 비전도 아닙니다. 생명을 구하기 위해 완악한 인간을 끝까지 끌고 가시는 하나님이 바로 주인공입니다. 우리는 하나님의 사랑과 인내의 강인함에 붙잡힌 인생을 살고 있습니다. 그분에게 이끌려 한 발짝씩 내딛는 것이 바로 믿음의 동행입니다.

예배자가 걷는 길 1. 바울은 왜 디모데의 할례를 추진합니까? 이 사건이 갖는 선교 사적인 의미, 영적 의미에 대해서 토론해보십시오.

2. 바울이 아직도 '익숙한 것들과의 결별'을 완전히 이루지 못했음을 보여 주는 암시는 어디에 나옵니까?

3. 성령님께서는 이러한 바울의 시야와 시각을 어떻게 획기적으로 넓혀주 십니까?

예배자가 읽는 책 알리스터 맥그라스Alister Mcgrath의 《구속사로 본 핵심주석NIV Bible companion》은 하나님이 자신의 언약적 신실성 때문에 죄와 죽음에 빠진 인류를 버리지 않고 생명과 진리로 구원하신다는 관점에서 성 경 전체를 조망하는 훌륭한 책입니다.

09_ 순전하고 충성된 종의 믿음

믿음과 약함: 나약한 여인을 통한 하나님의 계획

사도행전 16:11-15

우리가 드로아에서 배로 떠나 사모드라게로 직행하여 이튿날 네압볼리로 가고 거기서 빌립보에 이르니 이는 마게도냐 지방의 첫 성이요, 또 로마의 식민지라. 이 성에서 수일을 유하다가 안식일에 우리가 기도할 곳이 있을까 하여 문 밖 강가에 나가 거기 앉아서 모인 여자들에게 말하는데, 두아디라 시에 있는 자색 옷감 장사로서 하나님을 섬기는 루디아라 하는 한 여자가 말을 듣고 있을 때 주께서 그 마음을 열어 바울의 말을 따르게 하신지라. 그와 그 집이 다 세례를 받고 우리에게 청하여 이르되 만일 나를 주 믿는 자로 알거든 내 집에 들어와 유하라 하고 강권하여 머물게 하니라.

하나님이 루디아의 마음을
열었고, 그녀의 가문을
열었으며, 유럽을 열었습
니다. 위대한 하나님의
계획이 시작된 곳은 나약
한 이방 여인이었습니다.

바울은 우여곡절 끝에 마게도냐를 향해 출항 합니다. 우선 드로아에서 배를 타고 출발해 네압볼리에 도착했습니다. 드로아에서 네압볼리까지의 거리는 200킬로미터로, 항해술이 발달하지 않았던 그때의 상황을 감안할 때 이 뱃길까지 최소 5일이 걸립니다. 바울이 3차 선교여행 때 똑같은 뱃길을 이용했는데, 딱 5일 걸렸습니다. 그런데 지금은 단 이틀 만에 도착했습니다. 이 여정을 단지 원래의 계산보다 빨리 도착했다는 데 의의를 둔다면 그 속에 담긴 하나님의 깊은 사랑을 놓칠 수 있습니다.

우선 사도행전 16장 11절 말씀에서 "직행하여"라는 단어를 살펴봅시다. '직행하여'는 그리스어에서 '황급한 모양'을 가리킬 때 쓰던 관용어입니다. 이것은 직진했다는 뜻보다 쫓기듯 급하게 갔다는 뜻에 더 가깝습니다. 누가 급했을까요? 바울, 실라, 디모데, 혹은 누가일까요? 가장 급한 이는 그 누구도 아닌 하나님이었습니다. 유럽대륙에서 예수를 모른 채, 구원을 모른 채 죽어가는 수많은 영혼을 생각하실 때 하나님 발등에 불똥이 떨어진 것입니다. 아시아로 가려고 애쓰던 바울의 행로를 환상까지 동원해서 막으시고 마게도냐로 들어가게 하신 것은 그 이유 때문이었습니다.

하나님의
사랑   하나님의 사랑은 여기에 그치지 않습니다. 바울에게 새롭게 붙인 동역자를 보면 알 수 있습니다. 우선 유대 문화와 그리스로마 문화를 잘 아는 혼혈인 디모데는 바울을 보필하고 문명의 충돌을 조율하는 역할을 했을 겁니다. 누가는 바울과 동역자의 건강을 돌보고 선교여행을 낱낱이 기록하는 역할을 했습니다. 건강을 돌볼 수 있는 의사를 동행자로 선택한 데서 바울을 생각하는 하나님의 마음을 확인할 수 있습니다. 누가의 동행은 오랜 선교여행으로 심신이 지친 바울을 싸매고 고치기 위한 하나님의 사랑이자 배려입니다. 여기서 누군가는 하나님이라면 의사의 도움 없이도 바울을 낫게 할 수 있지 않을까 하고 의문을 품을 것입니다. 하지만 이런 의문 앞에서 우리가 잊지 말아야 할 것은 하나님은 언제나 사람을 통해 역사하신다는 사실입니다.

바울과 이들 동행자는 마게도냐의 첫 성 빌립보에 도착했습니다. 여기서 빌립보를 첫 성이라고 한 것은 바울이 첫 번째로 도착한 성이라는 뜻이 아닙니다. 빌립보는 다름 아 닌 로마 식민지 중에서도 황제의 직할시입니다. 빌립보는 필립, 즉 알렉산더 대제의 아버지인 필립2세에서 나온 말 입니다. 필립2세가 마게도냐 지역을 점령했을 때 이 도시 명을 '빌립보' 로 바꾼 것입니다. 알렉산더 이후 그리스가 쇠퇴하면서 로마의 옥타비아누스가 이 도시를 공격합니다. 이때가 바로 BC 42년으로, 빌립보가 완전히 로마의 속령 으로 전락한 때였습니다.

필립2세, 옥타비아누스 등이 이 지역을 공략한 것은 빌 립보의 위치가 지정학적으로 매우 중요했기 때문입니다. 빌립보에서 긴 언덕을 넘으면 곧장 로마로 들어가는 길에 닿습니다. 그 길이 바로 '모든 길은 로마로' 라는 격언을 낳 았습니다. 오늘날도 그 길은 마차와 자동차가 다닐 만큼 훌 륭하게 닦여져 있습니다. 빌립보는 이런 긍정적인 요인뿐 아니라 세계 최고의 금광을 가지고 있었기 때문에 정치, 문 화, 경제가 화려하게 발달할 수 있었습니다.

로마는 교통의 요충지요 상업 중심지인 빌립보를 재패한 후 황제의 직할시로 삼고, 그곳의 질서와 통치를 로마의 퇴 역 장교들에게 맡깁니다. 이주한 로마의 전직 군인들은 그곳에 로마적인 기풍이 유지하는 질서정연하고 깨끗한 도시를 세웁니다. 그곳의 건설자는 야만인(로마인의 눈에 할례와 같은 유대인의 풍습이 야만스럽게 보였을 것입니다)을 모두 쫓아내고 문화, 철학, 경제, 질서 그리고 법률에 이르기까지 생활의 모든 요소를 로마의 축소판으로 새롭게 건설합니다. 빌립보는 이제 로마와 다를 바 없는 곳이 되었습니다. 그곳 사람들은 윤리적으로 로마 황제의 시민으로 거듭났고, 자신만의 기풍을 내세워 당당하게 행동했습니다.

바울에 대한 하나님 계획

앞으로 하나님은 바울을 어디로 들여보낼까요? 제국의 심장부인 로마입니다. 로마에 가기 위해서 바울이 먼저 경험해야 하는 곳이 로마의 축소판이자 리틀 로마인 빌립보입니다. 하나님의 계획 아래 단계를 차곡차곡 밟고 있는 바울이지만 그 또한 우리와 다를 바 없는 인간입니다. 바울은 빌립보의 높은 위상에 압도되었습니다. 그가 빌립보에서 수일을 유한 것은 당연한 결과입니다.

'유하다'는 곧 '배회하다'는 뜻입니다. 마땅한 거처 없이 선교여행을 다녔던 바울의 몰골을 상상해보셨습니까? 화려한 도시에서 선교사 바울은 허름하고 볼품없었습니다. 그렇게 수일을 유하던 바울이 난데없이 한가로운 바닷가로

갑니다. 안식일에 바울이 바닷가로 나간 데는 그만한 이유가 있습니다. 일찍부터 세계로 흩어진 유대인들은 성인 남자 10명이 모이면 회당을 세우는 것을 관례로 삼았습니다. 만약 여자가 5만 명 있더라도, 성인 남자가 9명이라면 유대 땅에 회당을 세울 수 없습니다. 당시에는 그만큼 남녀의 벽이 높았습니다. 추방령이 내려진 빌립보에서 유대인 성인 남자가 없는 것과 회당을 세우지 못하는 것은 가장 큰 문제였습니다. 하지만 그곳에 유대 여자들이 있었습니다. 그들은 그저 울타리만 있는, 아주 초라한 기도처를 강변에 세워놓고 기도하고 있었습니다. 시편에 이런 말씀이 있습니다. "우리가 버드나무 가지에 수금을 걸어 놓고 바벨론 강변에서 울었도다." 포로로 붙들려간 히브리 노예가 읊조린 말입니다. 강변에서 울었다는 말씀은 강변 기도처에서 기도하며 옛적을 기억하고 울었다는 뜻입니다. 그러므로 이 기도처는 단순한 기도의 장소가 아닙니다. 예배당이요 은신처이자 하나님의 몸체인 것입니다.

눈을 감고 상상해봅시다. 강가에 허름한 울타리를 치고 세운 기도처에서 울며 기도하는 유대 여인들이 있습니다. 그때의 잣대로 따지자면 이 여자는 이방인이나 노예보다도

못한, 인간 수에도 들어가지 않는 존재였습니다. 그런 존재
를 무시하는 것은 물론 인간으로도 취급하지 않았던 율법주
의자 바울이 지금은 이 낯선 땅에서 함께 기도하기 위해 그
들의 모임으로 들어갑니다. 이것이 복음의 속성이고 능력입
니다. 다메섹 언덕에서 부활의 주님을 만난 이후로 바울에
게 새로운 나라가 임한 것입니다. 이전의 가치가 무너지고
새로운 세계를 세웁니다. 그 세계에서는 유대인과 이방인,
남자와 여자, 귀족과 노예가 모두 한 자리에 모여 화해합니
다. 그것은 하나님나라의 한 부분을 보여주는 것처럼 슬프
고 아름다운 장면입니다. 오직 복음만이 바울을 바꿀 수 있
었고, 세상에서 천한 자와 귀한 자, 무시하는 자와 무시당하
는 자를 화합하게 할 수 있습니다.

지금 강변에 앉아 있는 유대 여자들은 유럽으로 복음을
전하기에는 턱없이 부족한 존재입니다. 예수 믿으면 성공한
다고 믿는 사람은 이왕 바울이 유럽에 복음을 전한다면 빌
립보 장관이나 만날 것이지 하고 불평을 토로할지도 모르겠
습니다. 그러나 하나님은 그렇게 하지 않으셨습니다. 가장
약하고, 보잘것없는 사람을 택하여 일하셨습니다. 그런 분
이 우리가 믿는 하나님입니다. 그리고 그 힘없고 보잘것없

는 자가 바로 우리입니다.

그런데 이게 웬일입니까. 그 여자들 중에서도 경멸의 대상이었던 이방 여인 루디아가 기도처에 껴 있었던 것입니다. 사실 루디아는 이름이 아니라 '안성 댁' 같은 호칭일 뿐입니다. 그녀는 두아디라는 성에서 장사하는 여자입니다. 이토록 약한 자 가운데 가장 약한 자인 루디아가 등장한 이유는 힘없는 한 이방 여인을 통해서 이루실 하나님의 계획을 보여주기 위해서입니다. 하나님은 복음 전파의 일꾼이자 통로가 되기에 부적합한 인물을 통해 일하셨습니다. 돈이 많거나 권력이 있는 자가 아니라 힘없고 멸시 받는 이방 여인, 이방인 중에서도 가장 밑바닥을 상징하는 루디아의 만남을 통해 하나님의 일하는 방식을 엿볼 수 있습니다.

하나님 앞에서는 아무 육체도 자랑하지 못하게 하기 위해서, 진정한 은혜를 깨닫게 하기 위해서, 하나님은 미천한 것들을 택하시고 연약한 마음에 귀 기울이셔서 영광과 권능을 드러내십니다. 우리는 하나님의 일을 할 때 "난 잘 몰라요" 또는 "바빠서요", "그거 돈이 있어야지요" 등의 변명을 늘어놓습니다. 하나님은 우리의 능력이나 물질이 아니라 사람을 통해 일하십니다. 본문 말씀 15절을 살펴보면

"그와 그 집이 다 세례를 받고 우리에게 칭하여 이르되 만일 나를 주 믿는 자로 알거든 내 집에 들어와 유하라 하고 강권하여 머물게 하니라" 하고 말씀하십니다. 여기서 집은 그리스어로 '오이코스_{oikos}'라는 말로 건물이 아니라 '가문'과 '식솔'을 뜻합니다. 한 이방 여인을 통해 가문 전체가 세례를 받았습니다. 바울의 환상에 나타난 마게도냐 사람은 남자였습니다. 그러나 현실에서는 이방 여인을 통해 마게도냐와 그 너머 전 유럽에 복음이 전해집니다. 하나님이 루디아의 마음을 열었고, 그녀의 가문을 열었으며, 유럽을 열었습니다. 위대한 하나님의 계획이 시작된 곳은 나약한 이방 여인이었습니다.

하나님의 비밀   우리는 교회에서 작은 자 속에 감춰진 하나님의 비밀을 보아야 합니다. 세상의 기준으로 그들을 판단해서는 안 됩니다. 작고 미욱해 보이는 모습 속에 하나님은 크고 놀라운 계획을 감추셨습니다. 우리가 해야 할 일은 스스로를 작게 여기는 것입니다. 작은 자의 인생길은 하나님의 손길에 달려 있습니다. 우리는 이방 여인 루디아처럼 세상을 여는 작은 열쇠로 쓰임받을 수 있는 존재입니다.

예배자가 걷는 길

1. 하나님의 선교에서 빌립보가 차지하는 지정학적 중요성을 설명해보십시오.

2. 바울이 이 성에서 루디아를 만나 그와 협력한다는 것의 신앙적인 의미는 무엇입니까?

3. 왜 하나님은 약한 자, 수줍어하는 자, 변두리에 있는 자들을 쓰십니까? 우리가 알고 있는 영웅적인 선교사들과 그들의 놀라운 간증은 어떻게 재해석되어야 합니까?

 예배자가 읽는 책

아서 글라서의 《성경에 나타난 하나님의 선교*Announcing the kingdom*》와 찰스 엔겐Charles Van Engen의 《모이는 교회 흩어지는 교회*God's missionary people*》를 추천합니다. 선교를 생각하고 있는 신앙인이라면 반드시 읽어야 할 책이기도 합니다. 선교를 특정인들이 행하는 특수한 포교활동이 아니라, 하나님의 자기선언, 자기 증명적인 활동으로 이해하게 함으로써, 우리의 시야를 대폭 확대시킵니다.

10_ 벼랑 끝에 서는 믿음

믿음과 역설: 환난 중에 바울의 입술에선 찬양이 나왔다

사도행전 16:16-25

우리가 기도하는 곳에 가다가 점치는 귀신 들린 여종 하나를 만나니 점으로 그 주인들에게 큰 이익을 주는 자라. 그가 바울과 우리를 따라와 소리 질러 이르되 이 사람들은 지극히 높은 하나님의 종으로서 구원의 길을 너희에게 전하는 자라 하며. 이같이 여러 날을 하는지라. 바울이 심히 괴로워하여 돌이켜 그 귀신에게 이르되 예수 그리스도의 이름으로 내가 네게 명하노니 그에게서 나오라 하니 귀신이 즉시 나오니라. 여종의 주인들은 자기 수익의 소망이 끊어진 것을 보고 바울과 실라를 붙잡아 장터로 관리들에게 끌어 갔다가, 상관들 앞에 데리고 가서 말하되 이 사람들이 유대인인데 우리 성을 심히 요란하게 하여, 로마 사람인 우리가 받지도 못하고 행하지도 못할 풍속을 전한다 하거늘. 무리가 일제히 일어나 고발하니 상관들이 옷을 찢어 벗기고 매로 치라 하여, 많이 친 후에 옥에 가두고 간수에게 명하여 든든히 지키라 하니, 그가 이러한 명령을 받아 그들을 깊은 옥에 가두고 그 발을 차꼬에 든든히 채웠더니, 한밤중에 바울과 실라가 기도하고 하나님을 찬송하매 죄수들이 듣더라.

형통해야 잘 되는 것이
아니라 매 맞고 고통받는
자리라 할지라도 하나님이
주신 자리라면, 수치와
치욕을 통해서도 복음이
쉼 없이 흘러갈 수 있다면,
그것이 형통이고 가장
높은 자리라는 것을
바울은 깨달았습니다.

마게도냐 첫 성인 빌립보에 도착한 바울과 실 복음이
복음을
낳는 기적라와 디모데, 그리고 누가는 루디아를 만나 구원을 전했습니다. 이제 바울과 그 일행에게 남아 있는 일은 더욱 힘써 복음을 전하는 것입니다. 더 많은 사람들을 만나야 할 것이고, 복음이 복음을 낳는 기적을 맛봐야 할 것입니다.

그런데 무슨 일이 벌어졌을까요? 기도하는 곳으로 가던 바울과 그 일행이 만난 사람은 다름 아닌 귀신 들린 여종이었습니다. 그녀는 주인에게 속박되어 점을 치고 돈을 벌어다 주는 일을 합니다. 그녀를 불쌍히 여긴 바울은 귀신을 내쫓고, 그로 인해 이익이 끊어진 주인들은 분노합니다. 그들은 한 영혼를 치유하는 것보다 돈 버는 게 더 중한 사람들입니다. 돈벌이가 중단된 것에 분노한 그들이 바울과 실라를 장터로 끌고 갑니다. 여기서 '장터'는 그리스어로 '아고라agora', 영어로 '마켓 플레이스market place'입니다. 역사 문헌을 살펴보면 아고라는 철학자가 군중 앞에서 강연을 하는 곳입니다. 중대한 결정을 할 때 군중이 모여 회의를 하는 곳이기도 합니다. 여종의 주인들이 바울과 실라를 아고라로 끌고 가 관원들에게 넘겼습니다. 여기 관원들은 '곤봉을 여러 개 찬 사람' 입니다.

로마의
가혹한
처벌

세계를 제국화한 로마가 가장 중요하게 생각한 것은 사회질서를 유지하는 일입니다. 다른 어떤 범죄보다 기존의 사회질서를 혼란시키는 일을 엄중하게 처벌했습니다. 심지어 아고라 현장에서 재판 없이 폭력을 가할 수 있게 관리들이 곤봉을 지니고 있었습니다. 그들은 바울과 실라의 옷을 벗기고 살점이 떨어져 나갈 만큼 잔혹하게 매로 친 후, 옥에 가두었습니다.

당시 로마에는 세 단계의 감옥이 있었습니다. 잡범들이 들어가는 감옥은 '코모리에라', 그보다 무거운 죄를 지으면 감시 정도가 높은 '인테리에라'에 수감했습니다. 그리고 중범죄자들만을 수감하는 지하에 굴을 파서 잡아넣는 '풀리아노이라'가 있습니다. 바울과 실라는 차꼬에 채워진 채 여기에 수감됩니다. 차꼬는 일정한 간격으로 구멍이 뚫린 기다란 쇠막대기로, 다리를 찢어서 끼우는 것입니다.

그러나 훗날 바울은 이때의 일을 도리어 감사하며 회상합니다.

내가 너희를 생각할 때마다 나의 하나님께 감사하며 간구할 때마다 너희 무리를 위하여 기쁨으로 항상 간구함은 너희가 첫날부터 이제까지 복음을 위한 일에 참여하고 있기 때문이라. 너희 안에서 착한 일을 시작하신 이가 그리스도 예수의 날까지 이루실 줄을 우리는 확신하노라(빌 1:3-6).

하루 종일 매를 맞은 데다 깊은 토굴감옥에 갇히고, 다리가 찢겨 차꼬에 채워진다면 온갖 한숨과 원망이 나올 만합니다. 하지만 바울은 육체의 한계를 뛰어넘어 하나님께 감사기도와 찬송을 드렸습니다. 어쩌면 그것은 정상인의 고백이 아니라 정신병자의 넋두리처럼 보일지도 모릅니다. 그 큰 고통 속에서 어떻게 그런 일을 할 수 있었을까요? 우리가 그와 같은 상황에 놓인다면 올바른 정신으로 기도하고 찬송할 수 있을까요? 쉽게 대답할 수 없는 질문입니다.

하지만 기도는 벼랑 끝에서 하는 것입니다. 벼랑 끝에 설 때, 사방이 가로막힐 때, 우리는 하늘을 바라봅니다. 빠

고통 가운데 드리는 기도

져나갈 구멍이 없을 때, 사람은 본능적으로 기도합니다. 그러니까 기도는 형통할 때 저절로 나오는 것이 아니라 대개가 벼랑 끝에 서야 나오는 것입니다. 이것이 인간입니다. 하지만 찬송은 형통할 때 나오는 것입니다. 여기서 발견할 수 있는 재미있는 사실은 벼랑 끝에 몰릴 때 나오는 기도와 형통할 때 나오는 찬송이 한데 어우러져 있다는 것입니다.

숨겨놓은 메시지 우리는 여기에 숨겨진 메시지를 읽어내야 합니다. 과연 바울은 이런 상황에서 어떻게 기도와 찬송을 동시에 할 수 있었을까요? 우리가 답하기 전에 알아야 할 것은 바울과 실라가 기도와 찬송의 능력에 초점을 두지 않았다는 사실입니다. 본문은 역경을 뚫고 부르짖고 찬송했더니 하나님이 그들을 자유롭게 하셨다는 내용을 전하지 않습니다. 바울이 마게도냐로 온 것은 누구의 계획일까요? 바울이 아니라 하나님의 계획입니다. 바울은 등 떠밀리듯 복음을 전하러 여기까지 왔습니다. 하나님의 계획에 따라 시작한 1, 2, 3차 선교여행에서 바울의 길은 한 번도 평탄한 적이 없었습니다. 1차 선교여행에서 죽을 고비를 넘겼고, 이번 2차 선교여행에서 죽기 직전까지 매를 맞고 옥에 갇혔습니다. 바울뿐 아니라 본문을 읽는 우리조차도 납득하기 힘든 사건들이 계속 벌어집니다. "하나님, 당신이 보내신 곳입니다. 내가 여기 오겠다고 했습니까? 등 떠밀어 이곳까지 오게 하셨으니, 갈 길이라도 평탄케 해야 할 것이 아닙니까? 도대체 왜 이런 고난을 겪게 하시는 건가요? 폭행과 수욕을 당하고 있습니다. 토굴감옥에 갇혀 발이 찢겨져 차꼬에 매여 있습니다." 우리가 바울이라면 이렇게 하소연했을 것입니다.

여기서 잠시 구약을 살펴보겠습니다. 사무엘의 어머니 한나는 원래 불임이었습니다. 그때는 태의 주권이 주께 있다고 믿었기 때문에 아이를 가질 수 없는 것은 '저주 받은 여자'가 되는 것이나 다름없었습니다. 남편이 한나를 진심으로 사랑했지만, 그것은 한나를 위로하지 못했습니다. 한나는 자신의 괴로움을 부둥켜안고 성전으로 들어갑니다. 간절히 기도하던 중에 그녀는 통곡하며 울었습니다. 제사장 엘리는 이것을 보고 술주정하는 여자인 줄 알고 핀잔을 줍니다. 이때 한나가 아주 중요한 대답을 합니다. "나는 취한 것이 아니라 하나님께 심정을 통한 것입니다." 심정을 통했다는 말이 무슨 뜻일까요?

한나의 괴로움은 자식을 갖지 못한 것입니다. 그런데 그

심정을 통하다

녀의 기도가 어딘가 모르게 이상합니다. "그 아들을 주시면 제가 그 아들을 하나님 앞에 도로 내놓겠습니다" 하고 끝나기 때문입니다. 상식적으로 도로 내놓을 아들을 뭣하러 달라고 하겠습니까? 하지만 생각해보세요. 우리가 기도할 때, 그 시작은 우리의 괴로움과 필요이나 그 끝은 하나님의 바람인 적이 있었습니까? 간절히 기도하며 마음을 하나님께 내어놓고 나아갈 때, 우리는 이런 영적인 경험을 하게 됩니다. 한나가 그랬습니다. 한나의 간절한 기도가 하나님께 심정을 통하게 한 것입니다. 그녀는 하나님의 마음을 알아버렸습니다. '나 같이 비천하고 가련한 여인도 자식이 없을 때 이렇게 괴로운데, 하나님의 심정을 대언할 하나님의 사람이 없으니 하나님이 얼마나 기가 막히실까?' 그래서 한나의 기도가 바뀐 것입니다.

기도가 찬송으로 변한 이유

처음 바울은 감옥까지 가게 된 자신의 처지를 이해할 수 없었습니다. 복음을 전하기 위해 열심을 다했고, 앞으로 가야 할 길이 구만리인데, 난데없이 감옥에 갇혔으니 얼마나 답답했을까요? 하지만 바울은 그런 상황 속에서 놀라운 것을 깨닫습니다. 아시아로 가려던 자신을 여기까지 데려와 죽을 고생을 겪게 하시는 하나님의 심정을 통한 것입니다.

하나님의 계획은 유럽의 관문인 마게도냐의 수많은 죽어가는 영혼을 구하는 것입니다. 그러기 위해 지금 당장 바울이 할 일은 옥을 지키고 있는 간수와 그의 가족에게 하나님을 전하는 것입니다. 그 만남은 훗날 로마의 심장부까지 구원을 전하는 통로가 될 것이라는 사실을 바울은 깨달았습니다. 바울의 기도가 찬송으로 변한 것은 이 때문입니다. 하나님의 심정을 통하였기 때문입니다. 시편 40편은 이것을 자세히 설명합니다.

내가 여호와를 기다리고 기다렸더니 귀를 기울이사 나의 부르짖음을 들으셨도다. 나를 기가 막힐 웅덩이와 수렁에서 끌어올리시고 내 발을 반석 위에 두사, 내 걸음을 견고케 하셨도다. 새 노래 곧 우리 하나님께 올릴 찬송을 내 입에 두셨으니 많은 사람이 보고 두려워하여 여호와를 의지하리로다(시 40:1-3).

이 말씀에는 '다윗의 시'라는 표제어가 붙어 있습니다. 다윗은 시인이자 음악가, 그리고 빼어난 연주가입니다. 그가 양떼를 지키며 입을 떼면 온 천지가 하나님의 노래가 되

다윗의
찬송

었습니다. 깊은 영적 절망을 뚫어내고 부른 '찬송'은 '새 노래'가 됩니다. 상식적으로 찬송은 듣는 것이지만 다윗은 위의 시편에서 찬송(새 노래)을 본다고 표현합니다. 어떻게 찬송을 볼 수 있을까요? 5절을 보겠습니다.

> 여호와 나의 하나님이여 주께서 행하신 기적이 많고 우리를 향하신 주의 생각도 많아 누구도 주와 견줄 수가 없나이다. 내가 널리 알려 말하고자 하나 너무 많아 그 수를 셀 수도 없나이다.(시 40:5)

다윗은 하나님이 행하신 기적과 무궁한 지혜를 보니 그 것을 펼칠 수도 없고 셀 수도 없다고 고백합니다. 깊은 수렁에 던져졌다가 다시 반석 위에 세움을 입고, 다윗의 인생에 찾아오셔서 간섭하시고 붙잡으시는 하나님을 세상 사람이 본다고 합니다. 그런 의미에서 찬송은 듣는 것이 아니라 보는 것입니다. 다시 사도행전으로 돌아가 찬송의 의미를 살펴보겠습니다.

밤중쯤 되어 바울과 실라가 기도하고 하나님을 찬미하매 죄수들이 듣더라(행 16:25).

'듣더라'를 좀 더 면밀히 해석하면 '주목하고 경청하다' *경청하는*
는 뜻입니다. 신약 성경 전체를 털어서 '듣더라'는 말은 이 *마음*
것이 유일합니다. 그리스어로 '에파크로아오마이*epakroao-*
mai'인 이 말은 하나의 사건이 일어난 것을 주목하면서 깊
이 경청하는 태도를 뜻합니다. 감옥의 죄수들이 바울과 실
라를 유심히 주목합니다. 이것은 바울과 실라가 그들과 격
이 다른 인간임을 감동하고 놀라워하는 마음으로 관찰하
는 것입니다.

이 순간, 지진이 일어납니다. 옥사가 움직이면서 사슬이
풀어지고 옥문이 열립니다. 하지만 바울과 실라, 그리고
죄수들은 도망가지 않습니다. 이것은 바울과 실라가 자신
의 자유를 위해서 기도했던 것이 아니었음을 의미합니다.
그들은 전율스러운 영적 환희 속에 그대로 있었습니다.

여기서 바울은 하나님이 어떤 목적과 관점에서 행하시는
지 깨닫게 되었습니다. 그는 빌립보서에서 이런 말을 합니
다. "할 수 있거든이 무슨 말이냐. 내게 능력 주시는 자 안
에서 내가 모든 것을 할 수 있느니라." 이 말을 현실생활에

적용하는 것은 그리스도인의 긍정적인 사고방식이 아닙니다. 이것은 하나님을 믿으면 돈도 벌 수 있고, 사업도 성공할 수 있다는 뜻이 아닙니다. 이 말은 바울이 로마의 감옥에 갇혀서 한 말임을 기억해야 합니다. 한 영혼을 구원하기 위해 로마제국의 심장부에 바울을 가두고, 죄수가 된 바울을 복음 전파의 도구로 쓰시는 하나님을 생각하면 감당 못할 일이 없다는 뜻입니다. 어떤 상황에 놓이느냐 하는 것은 이제 바울에게 중요하지 않습니다. 바울에게 중요한 것은 자신의 고난을 통해서 하나님의 복음이 로마까지 가는 것을 보는 것입니다. 이 일에 자신이 쓰임 받고 있음을 알고 있기에 옥문이 열리고 족쇄가 풀렸지만 그는 도망가지 않았습니다. 이런 비상식적인 광경을 보고 한 간수가 묻습니다. "선생이여, 우리가 어떻게 하여야 구원을 얻을 수 있겠습니까?"

세상이
감당하지
못할
믿음

우리는 자신이 어떤 모양으로 쓰임 받느냐에 관심을 가집니다. 바보 같은 내 모습을 통해서도 하나님의 복음이 전해지고 확장될 수 있다는 사실에는 별로 관심이 없습니다.

하지만 바울은 사느냐 죽느냐, 잘 되느냐 안 되느냐 하는 세상적인 관심을 초월한 사람입니다. 성경은 바울을 가리켜 세상이 감당하지 못했다고 표현합니다. 밀려온 환난이 그 힘을 못 쓰고 도망갈 정도로 바울은 하나님의 은혜를 입었습니다. 바울에게 환난은 전혀 환난의 구실을 못했습니다. "할 수 있거든이 무슨 말이냐"는 바로 이런 뜻입니다. 하나님이 나를 묶어서 쓰시는가? 좋다. 그럼 묶여서 쓰임 받는다. 내가 매 맞아서 쓰임 받는가? 그러면 내가 매 맞으면서 쓰임 받겠다. 이것이 바울의 각오입니다. 그는 감옥에서 이것을 배웠고, 환난 가운데 기도로 하나님의 심정을 통하였습니다. 매 맞게 하시고 감옥에 던져지는 것에도 하나님의 뜻이 담겨져 있다는 것을 알게 된 것입니다. 그렇기 때문에 형통할 때 터져 나오는 찬미가 감옥에서 나올 수밖에 없었습니다. 바울은 자신과 같은 죄인이 무엇이관대 구속하시고 건져주셔서 복음을 위해 쓰시는지 하며 하나님의 놀라운 계획에 감탄했습니다. 남들보다 높은 자리에 서고, 형통해야 잘 되는 것이 아니라 매 맞고 고통받는 자리라 할지라도 하나님이 주신 자리라면, 수치와 치욕을 통해서도 복음이 쉼 없이 흘러갈 수 있다면, 그것이 형통이고 가장 높은 자리라는 것을 바울은 깨달았습니다.

우리는 바울처럼 자신이 처한 위치와 환경에 자유로울 수 있는 신앙의 경지에 이르러야 합니다. 어떤 자리에 있건 복음을 형상화하고, 복음을 전파할 수 있다면 그 자리가 최고의 자리입니다.

예배자가
걷는 길 1. 바울이 빌립보에서 어떤 대접을 받았는지 생각해보십시오.

2. 이런 극악하고 비인간적인 처우를 받으면서도 바울과 그의 일행에게서 찬미와 기도가 나올 수 있었던 이유는 무엇입니까?

3. 빌립보 간수의 곤혹스러운 물음(어떻게 해야 내가 구원을 받을 수 있습니까)을 듣고 있습니까? 왜 우리에게 이렇게 묻는 사람들이 없다고 생각합니까?

예배자가
읽는 책 《하나님의 지하운동*In God's underground*》을 비롯한 리처드 범브란트Richard Wumbrand의 글을 추천합니다. 범브란트만큼 고난의 가치를 명쾌하게 설파했던 사람은 없을 것입니다. 나치의 핍박, 루마니아 공산주의자들의 모진 고문 속에서도 목숨을 걸고 지켰던 그들의 모습 속에서 도대체 신앙은 무엇인가를 확실하게 보여줍니다.

11_   믿음으로 다시 살아나다

믿음과 반전: 유두고를 통해 맛본 부활의 기쁨

사도행전 20:7-12

그 주간의 첫날에 우리가 떡을 떼려 하여 모였더니, 바울이 이튿날 떠나고자 하여 그들에게 강론할새 말을 밤중까지 계속하매, 우리가 모인 윗다락에 등불을 많이 켰는데, 유두고라 하는 청년이 창에 걸터 앉아 있다가 깊이 졸더니 바울이 강론하기를 더 오래 하매 졸음을 이기지 못하여 삼 층에서 떨어지거늘 일으켜 보니 죽었는지라. 바울이 내려가서 그 위에 엎드려 그 몸을 안고 말하되 떠들지 말라 생명이 그에게 있다 하고, 올라가 떡을 떼어 먹고 오랫동안 곧 날이 새기까지 이야기하고 떠나니라 사람들이 살아난 청년을 데리고 가서 위로를 적지 않게 받았더라.

우리 위에 생명의 떡으로
오신 예수 그리스도가
덮으십니다. 우리는 다시
삽니다. 하나님의 은혜는
다시 시작하는 회복과
치유를 창조하십니다.

——————— 한 청년이 예배 중에 창가에 앉아 졸다가 떨
어져 죽었습니다. 우리는 성경에 왜 이런 사건을 기록해놓
았을까 하고 생각합니다. 이것은 사도행전의 분위기와 어
울리지 않을 뿐더러 생뚱맞아 보이는 사건입니다. 하지만
사건 자체에 집착하면 진짜 메시지를 놓치게 됩니다.

먼저 본문 말씀인 사도행전 20장 7절부터 살펴보겠습니
다. "그 주간의 첫날에"라는 말이 나옵니다. 주간의 첫날이
면 일요일, 우리 용어로는 주일입니다. 개역개정판 이전의
성경은 '안식 후 첫날'이라고 기록합니다. 이날은 굉장히 중
요한 순간입니다. 그간 안식일에 회당에 모여서 강론하다
가 드디어 일요일에 모여 예배드리는 지금 예배의 원형이
등장하기 때문입니다. 이어서 성경은 이 집회의 성격을 "떡
을 떼려 하여 모였더니"라고 말씀합니다. 그것은 성만찬을
뜻합니다. 오늘날 교회는 편의를 따져 성찬식을 자주 거행
하지 않습니다. 그러나 성찬식은 매주 해야 할 만큼 중요한

의식입니다. 초대교회는 예배로 모일 때마다 반드시 떡을 떼는 성만찬을 가졌습니다. '떡을 떼다'는 말은 그리스어로 '클라우*klau*'입니다. 예수 그리스도께서 십자가에 살을 찢는 고난을 당하셨을 때에도 똑같은 말이 쓰였습니다. 다시 말해서 '으깨어 부서지다'가 바로 '클라우'입니다.

사건의
전말 이 사건은, 바울이 아시아에서 3년 가까이 행한 말씀사역과 전도사역을 마무리하고 떠나기 전날 밤에 일어났습니다. 바울의 입장에서 보면 마음이 스산하고 애절했을 것입니다. 아마 바울은 진액까지 짜내고 싶은 심정이었을 것입니다. 성경에 보면 "나는 말에는 졸하나" 하는 스스로가 눌변가라고 하는 바울의 자평이 나옵니다. 말을 잘 못하는 바울이 날이 샐 정도로 길게 설교를 했습니다. 양떼를 떠나야 하는 목자의 심정이 어떨까요? 영적으로 낳은 양떼와 다시 볼 기약 없는 이별을 맞아야 하는 바울. 그는 예루살렘을 거쳐 로마로 가게 될 것입니다. 그날의 설교는 양떼 앞에서 베푸는 마지막 강론입니다. 마지막까지 한 말씀이라도 나누고 싶어서 진액을 짜내다가 그만 늘어진 강론시간 때문에 웃지 못할 사건이 벌어졌습니다.

8절을 보면 "우리가 모인 윗다락에 등불을 많이 켰는데"

를 통해 예배 상황을 추측할 수 있습니다. 이 이야기는 신약의 어떤 장면과 겹쳐 보일 것입니다. 예수께서 잡히기 전날 밤에도 이와 비슷한 광경이 펼쳐졌습니다. 예수님도 마가의 다락방에서 제자들과 함께 마지막 만찬을 나누셨습니다. 불을 많이 켰다는 내용에서 윗다락이 넓은 공간이라는 것을 짐작할 수 있습니다. 천장이 낮은 다락방에 사람이 꽉 들어차 있었습니다. 사람에게서 뿜어져 나오는 열기와 등불에서 나오는 그을음을 배출하기 위해서 창문을 열어두었고, 유두고는 바로 그 창틀에 걸터앉아 있었던 것으로 보입니다. 우리는 유두고라는 이름에서 몇 가지 사실을 추측할수 있습니다. 유두고는 그리스어로 '유티코스*Eutytichos*'입니다. 이것은 당시 천한 사람에게 붙여지는 이름입니다.

　성경은 이 사실을 몇 가지 면에서 반증하고 있습니다. '청년'이라는 단어는 '네아니아스*neanias*'라고 기록하는데, 이 뜻은 종입니다. 이 단어는 신약에서 예수님을 명할 때 한 번 쓰인 적이 있습니다. 유두고는 종의 신분이었습니다. 그는 일요일 저녁까지 일에 시달렸을 것입니다. 하루 종일 노예로 일을 하다가 저녁시간이 되어 예배를 드리러 왔습니다. 사람이 많아 3층 창가에 걸터앉았다가 쏟아지는 열기와 육체의 피곤을 견디지 못하고 졸다가 그만 떨어집니다. 본문의 9절 말씀을 살펴보면 "삼 층에서 떨어지거늘 일으켜보니 죽었는지라"라고 합니다. 여기서 '떨어졌다'는 본문을 풀어내는 데 중요한 열쇠입니다. 이것은 '핍토pipto'인데, '파멸하다', '절망하다', '끝나다'는 뜻입니다. 이때의 의미는 단순히 떨어졌다는 것보다 인생 하나가 이렇게 파멸되었다는 뜻을 담고 있습니다. 이에 바울은 강론을 중단하고 내려가서 그 청년의 몸 위에 엎드립니다.

'엎드렸다'는 '에피핍토epipipto'라는 말입니다. '핍토'에 '에피'라는 접두어를 붙이면 '덮다', '엄몰하다', '밀어닥치다'라는 뜻이 됩니다. 하나님의 기운이 사망 위에 덮어진 겁니다. 바울이 내려가 그 위에 엎드림은 유두고와 심리적으로, 신체적으로 합일하는 모습입니다.

바울의 두 가지 충고

이어 바울은 두 가지 주의를 줍니다.

첫째, 떠들지 말라고 합니다. 세상은 늘 소란스럽습니다. 어떤 사건이 하나 터지면 저마다 떠들어댑니다. 사건이 벌어질 때마다 반드시 맞닿아 있는 것은 소음과 소동입니다. 바울은 이것을 저지하고 있습니다.

둘째, 생명이 그에게 있다고 합니다. 유두고는 예배하다가 떨어졌습니다. 바울은 설교하다가 파탄 난 노예의 몸에 자기 몸을 합쳤습니다. 바울은 그에게 생명이 있다고 선언하고 다시 예배하러 올라갑니다. 본문을 잘 살펴보면 하나님이 사도를 통해서 아들 예수 그리스도의 부활이 예배하는 공동체의 삶 안으로 어떻게 들어가게 하시는지를 알 수 있습니다.

유두고는 예배 청중 속에 앉아있는 우리 각자의 모습입니다. 우리는 하루 종일 세상의 소용돌이에 휩쓸려 노예 같은 삶을 살다가 마음의 근심과 육체의 피곤함을 끌어안고 예배의 공동체로 옵니다. 우리는 이런 억눌린 삶을 어찌 할 수 없는 유두고와 같은 존재입니다. 삶의 고단함을 이기지 못해 창틀에 걸터앉아 졸다가 떨어지고 파멸할 수밖에 없는 존재입니다.

유두고에 비친 우리의 모습

이런 우리 위에 생명의 떡으로 오신 예수 그리스도가 덮으십니다. 우리는 다시 삽니다. 하나님의 은혜는 다시 시작하는 회복과 치유를 창조하십니다. 예배는 이 생명의 증거가 되어야 합니다.

그러므로 유두고, 곧 '유티코스'는 헬라어로 '행복자'라는 뜻입니다. 파멸을 생명으로 역전시키는 주님, 중단됐던

하늘 문이 열리는 시간

예배를 속개하시는 주님을 믿음의 공동체 안에서 만나는 자입니다. 예배는 하늘 문이 열리는 시간입니다.

야곱은 벧엘에서 인생에 가장 처절한 밤을 경험합니다. 원래 벧엘은 '루스'라고 불렸습니다. 그는 생전 처음 부모를 떠나 아버지와 형의 분노를 피해 정처 없이 쫓겨 그곳에서 한밤중을 만났습니다. 산중턱에서 자신의 삶이 어떻게 될지 갈피를 잡지 못하는 상황에서 하늘 문이 열립니다. 바로 이때 사닥다리를 타고 천군천사가 내려왔습니다. 하나님이 절망의 밤에 야곱을 만나주셨던 것입니다. 이것이 바로 예배입니다.

예배는 먹장구름 가득한 인생이 갈팡질팡할 때, 유두고처럼 완전히 파탄 났다고 생각되는 순간, 바울이 파탄 난 종의 몸과 합쳐진 것처럼 하나님의 은혜가 우리에게도 임하는 역사가 있기를 갈망합니다. 그 자리가 오히려 '적잖은 위로'가 되는 새로운 출발점이 되기를 마음 다해 기원합니다.

**예배자가
걷는 길** 1. 에베소에서 마지막 밤을 보내고 있는 바울의 심정은 어땠을지
　서로 나누어보십시오.

2. 에베소 예배 공동체의 모습을 보면서 우리의 예배를 반성해봅시다.

3. 유두고의 죽음, 그리고 소생은 어떤 메시지를 주기 위한 장치입니까?

**예배자가
읽는 책** 에버렛 퍼거슨Everett Ferguson의 《초대교회 배경사*Backgrounds
of early Christianity*》와 F. F. 브루스F.F. Bruce의 《초대교회 역사
The Spreading Flame》는 성경 옆에 두고 읽어야 할 책이라 생각합니다. 우
리는 성경의 진리뿐 아니라, 그 진리가 역사의 옷을 입고 나타난 현실 또한
반성할 수 있는 능력을 갖춰야 합니다. 역사적인 반성이 없는 기독교는, 늘
그랬듯 무서운 편견을 만들어냅니다.

12_ 믿음으로 고통을 이겨내다

믿음과 역경: 하나님이 고난을 주시는 이유

사도행전 23:11

그날 밤에 주께서 바울 곁에 서서 이르시되 담대하라. 네가 예루살렘에서 나의 일을 증거한 것 같이 로마에서도 증거하여야 하리라 하시니라.

주님이 원하시는 것은
그것을 뛰어넘는 믿음
입니다. 위의 것들이
무용하다는 것이 아니라
더 높고 깊은 것들이 준비
되어 있고, 그것을 넘어설
때 주님 앞에 정금보다
귀한 존재로 변한다는
뜻입니다.

──────── 사도행전 23장 11절은 예루살렘에 도착하고부
터 로마로 가기 전까지 주님이 바울에게 한 말씀입니다. 바울
은 예루살렘에서도 끊임없이 고난을 겪습니다. 체포, 매질,
모욕이 끊이지 않습니다. 그러다가 또 감옥에 들어갑니다.

그날 밤, 주님이 나타나셔서 하시는 말씀이 "담대하라.
네가 예루살렘에서 나의 일을 증언한 것 같이 로마에서도
증언하여야 하리라"입니다. 우리는 이 말씀을 통해 하나님
께서 로마로 가라는 분명한 비전을 다시 한 번 확인시키는
것으로 이해합니다. 큰 환난의 길을 걸어온 바울에게 이쯤
되면 하나님도 "바울아, 고생 많았다. 앞으로는 편히 로마
로 갈 것이다. 걱정 마라"고 할만 한데, 그렇게 말해주셨다
면 바울 정도의 신앙인은 더욱 용기를 내어 힘든 시간을 인
내했을 것입니다.

그러나 본문은 그런 메시지가 아닙니다. 이것은 '환난,
핍박, 거듭되는 위협… 그 두려움 속에서도 네가 나를 증언

한 것 같이, 로마로 가는 길에서도 늘 그랬던 것처럼 나를 증언하게 될 것'이라는 뜻입니다. 이 속뜻을 헤아리는 사람이라면 누구나 갑갑할 것입니다. 환난의 끝은 어디인가 하는 의문도 들 것입니다. 바울이 겪은 고난은 상상할 수 없을 만큼 어마어마한 것이었고, 그렇기에 우리는 이제 더 이상 바울의 길이 험난하지 않기를 은연중에 바라기 때문입니다. 또 그래야만 우리도 바울이 간 길을 순종할 수 있을 것 같으니까요.

하나님의 관점　옥에 갇힌 바울은 이미 낙담했고 의기소침해 있습니다. 로마까지 갈 수 있을까 하는 막막함도 느낍니다. 하지만 바꿔 생각하면 바울에게 한 말씀은 예루살렘에서 거듭된 환난을 겪으면서 증언한 사역 자체를 하나님이 인정하신 것입니다. 바울이 고난을 겪으며 증언한 것이 사람의 관점에서 보면 실패한 것 같지만, 하나님의 관점에서 보면 그것은 실패가 아니라는 점입니다. 또 예루살렘에서 환난 가운데 증언한 것처럼 로마로 향하는 길에도 복음이 증언될 것이라는 사실을 말해주는 것입니다.

우리가 하나님을 잘 알고 있는 걸까요? 이 질문에 자신 있게 대답할 수 없습니다. 우리가 아는 하나님은 전지전능하신 분입니다. 그런데 바울이 가는 길을 왜 이토록 험하게 이끄는 걸까요? 그 길은 비단 바울의 길만이 아닙니다. 그리스도인이라는 이름으로 이 땅에 내딛는 우리의 길도 마찬가지입니다. 전지전능하신 하나님은 왜 험난한 길로 우리의 인생을 몰아가는 걸까요? 우리는 이런 질문을 할 수밖에 없습니다. 하지만 이 질문에는 하나님을 올바로 이해하지 못해 생기는 인간의 문제만 있을 뿐입니다.

> 그러므로 우리가 믿음으로 의롭다 하심을 받았으니 우리 주 예수 그리스도로 말미암아 하나님과 화평을 누리자. 또한 그로 말미암아 우리가 믿음으로 서 있는 이 은혜에 들어감을 얻었으며 하나님의 영광을 바라고 즐거워하느니라. 다만 이뿐 아니라 우리가 환난 중에도 즐거워하나니 이는 환난은 인내를, 인내는 연단을, 연단은 소망을 이루는 줄 앎이로다(롬 5:1-4).

여기에는 선뜻 이해하기 어려운 구절이 나옵니다. "환난 중에도 즐거워하나니." 어찌 환난 중에 즐거워할 수 있을까요? 환난을 즐거워하는 사람이 있을까요? 그런데 분명히 성경은 환난을 즐거워하라고 합니다. 베드로전서에도 이와

환난을 즐거워하라

비슷한 말씀이 나옵니다. 누군가는 이 구절을 이렇게 이해하고 있습니다. '이 환난만 지나면 저 너머에, 마치 어두운 새벽이 여명을 밝히고 해가 솟듯이 하나님께서 예비하신 은혜와 복이 기다리고 있을 것이다.' 물론 환난이 그런 몫을 담당하기도 합니다. 그러나 이것은 환난의 한쪽 면만 알고 하는 생각입니다.

"공부 잘하면 훌륭한 사람이 된다"는 말을 예로 들어보겠습니다. 공부가 즐겁고 쉬운 사람이 있을까요? 잘 없습니다. 다만 공부의 과정이 인격을 형성하고 성장하는 길이라는 궁극적인 가치를 알 때, 공부의 진정한 즐거움을 알 수 있습니다. 자격증이나 취업을 위한 공부는 그저 세상을 쫓는 것입니다. 그렇기에 공부의 가치를 모르고 눈앞의 잇속을 챙기는 사람에게 공부는 그저 고문입니다. 환난 중에도 즐거워하는 이유는 공부의 길처럼 환난이 인내와 소망에까지 이르게 해주기 때문입니다.

하나님이 그리스도인에게 환난을 주시는 몇 가지 중요한 이유가 있습니다.

첫째, 환난을 통해서 인간은 신앙의 필요성을 절실하게 깨닫습니다. 우리의 신앙은 편안하고 문제없을 때 시험을 받습니다. 지나간 세월을 짚어볼 때, 안일하고 편안함 속에서 절실히 하나님을 찾았던 기억이 있습니까? 어린아이가 힘들고 어려울 때 부모님을 찾는 것처럼 우리 또한 환난 가운데 하나님을 찾는 존재입니다.

둘째, 환난을 통해서 나의 실체를 발견합니다. 고통 속에서 내가 몇 점짜리 신앙인인지가 들통 납니다. 우리는 신앙생활을 관념적으로 하곤 하는데, 그것은 머릿속의 말씀이나 다른 누군가의 간증이 곧 자신의 신앙인 것처럼 착각하는 것과 마찬가지입니다. 현실에서 환난에 부딪힐 때, 우리는 비로소 자신의 진정한 실력을 보게 됩니다. 아무 문제없고 편안할 때 신앙을 지키고 있다고 생각하지만, 막상 환난이 자신의 문제로 닥치면 어떻게 해야 할지 모르겠다고 애타게 고백할 것입니다. 목사도 다를 바 없습니다. 환난 중에는 목사나 일반 그리스도인이나 다를 바 없이 허둥대고 질척맵니다. 이처럼 우리는 환난 때가 되어서야 믿음의 실체를 만나게 됩니다.

우리는 왜 믿음으로 산다고 말할까요? 기도 잘해서 응답 잘 받기 위해서는 믿음이 좋아야 한다고 느끼기 때문인가요? 아닙니다. 삶을 운영할 수 있는 능력이 내게는 하나도 없기 때문입니다. 우리가 가진 것으로는 인생을 올바르게 경영할 수 없습니다. 주님이 주신 것으로 살 때, 그것이 진짜 삶입니다. 우리는 환난을 겪고서야 이것을 깨닫습니다. 야곱이 평생에 걸쳐 깨달은 것은 주님이 채워주는 삶이 곧 복이라는 사실입니다. 그가 평생 눈에 보이는 것들을 움켜쥐려고 힘겹게 뒹굴다가 깨달은 진리입니다.

우리 주 예수 그리스도의 아버지 하나님을 찬송하리로다. 그의 많으신 긍휼대로 예수 그리스도를 죽은 자 가운데서 부활하게 하심으로 말미암아 우리를 거듭나게 하사 산 소망이 있게 하시며 썩지 않고 더럽지 않고 쇠하지 아니하는 유업을 잇게 하시나니, 곧 너희를 위하여 하늘에 간직하신 것이라. 너희는 말세에 나타내기로 예비하신 구원을 얻기 위하여 믿음으로 말미암아 하나님의 능력으로 보호하심을 받았느니라. 그러므로 너희가 이제 여러 가지 시험으로 말미암아 잠깐 근심하게 되지 않을 수 없으나 오히려 크게 기뻐하는도다. 너희 믿음의 확실함은 불로 연단하여도 없어질 금보다 더 귀하여 예수 그리스도께서 나타나실 때에 칭찬과 영광과 존귀를 얻게 할 것이니라(벧전 1:3-7).

우리는 여기서 욥의 고난을 떠올려야 합니다. 욥이 하나님 앞에 어떤 잘못을 해서 환난이 찾아온 것이 아닙니다. 그는 당대 가장 경건한 자로, 자녀들까지 경건하게 키웠습니다. 그러나 그 모든 것이 하루아침에 사라집니다.

욥의 환난에 있어 하나님의 궁극적인 의도는 무엇일까요? 그를 정금보다 귀한 존재로 만드시고, 하나님만이 영원한 유업임을 깨닫도록 하기 위해서 욥의 고난을 허락하신 것입니다. 우리가 단련된 금 같이 되는 것이 하나님의 목적입니다. 우리는 소극적으로 신앙생활을 하고 있습니다. 우리가 속한 세계가 전부인 양, 지금 위치에서 더 나은 위치로 오르는 것만이 복인 것처럼 생각하고 하나님을 이해하려 합니다. 마치 라오디게아 성도들처럼 하루를 살고, 책임감으로 기도합니다. 그렇게 계산적으로 한 신앙생활 속에서 하나님 보시기에 우리는 허울과 죄로 가득한 벌거벗은 인간일 뿐입니다. 하지만 우리는 주일예배를 드리고 십일조를 하고, 새벽예배에 제자훈련까지 하면 높은 신앙인이라고 생각합니다. 그것은 우리의 착각입니다. 우리는 거기에 머물러서는 안 됩니다. 주님이 원하시는 것은 그것을 뛰어넘는 믿음입니다. 위의 것들이 무용하다는 것이 아니라 더 높고 깊은 것들이 준비되어 있고, 그것을 넘어설 때 주님 앞에 정금보다 귀한 존재로 변한다는 뜻입니다.

바울이 예루살렘에서 환난을 겪으며 복음을 증언한 것 같이 로마에 가서도 그럴 것이라고 하신 것은 이 때문입니다. 복음 외의 것, 하나님으로부터 멀어지게 하는 것이 함께 로마로 가서는 안 되기 때문입니다. 복음의 정금만이 바울을 통해 증언되어야 합니다. 그러려면 바울은 옥에 갇히는 일뿐 아니라 수많은 연단을 겪을 수밖에 없습니다. 바울은 이 사실을 알았습니다. "하나님나라에 들어가려면 너희가 많은 환난을 겪어야 할 것이라", "믿음 위에 굳게 서라" 이것이 사도행전 14장에서 하는 말입니다.

복음의 증인 오늘날 우리에게도 바울이 겪은 환난이 닥칠 것입니다. 산을 넘으면 또 산이 나오고, 끝났나 싶으면 또 저쪽에서 파도가 도도하게 밀려옵니다. 환난과 끊임없이 이어지는 연단의 사건을 통해서 하나님이 의도하신 계획을 알게 되길 바랍니다. 우리에게 고난을 허락하는 세 가지 의미를 잘 깨달아 정금과 같은 복음의 증인으로 세움을 입는 은혜가 있기를 바랍니다.

예배자가
걷는 길 1. 바울에게 임하는 하나님의 말씀은 바울에게 어떤 이중적인 의
　　미를 가지고 있습니까?

2. 일반적으로, 고난을 통해 신앙인들이 만들어내는 특혜는 어떤 것들이 있
　습니까?

3. 하나님의 전능하심과 우리의 고난 사이에서 생기는 오해들은 어떤 것입
　니까?

예배자가
읽는 책　　손봉호의 《고통 받는 인간》은 아주 쉬운 글이지만, 기독교 정통
　　　　　교리뿐 아니라 철학의 역사 전체를 관통하는 깊이로 저술된 명작
중 하나라고 할 수 있습니다. 이 책의 가치는 고난의 이론뿐만 아니라, 고난
의 현실 속에서 우리가 취해야 할 성경적이며 신앙적인 자세, 곧 실천을 촉
발시킨다는 데 있습니다. 더불어 오스 기니스Os Guinness의 《고통 앞에 서
다Unspeakable》도 고난에 관한 우리의 시야를 확 트여줍니다.

13_ 믿음으로 하나님을 제대로 알다

믿음과 능력: 하나님 심정 헤아리기

사도행전 27:9-12

여러 날이 걸려 금식하는 절기가 이미 지났으므로 항해하기가 위태한지라. 바울이 그들을 권하여 말하되, 여러분이여 내가 보니 이번 항해가 화물과 배만 아니라 우리 생명에도 타격과 많은 손해를 끼치리라 하되, 백부장이 선장과 선주의 말을 바울에 말보다 더 믿더라. 그 항구가 겨울을 지내기에 불편하므로 거기서 떠나 아무쪼록 뵈닉스에 가서 겨울을 지내자 하는 자가 더 많으니 뵈닉스는 그레데 항구라. 한쪽은 서남을, 한쪽은 서북을 향하였더라.

믿음은 누가 얼마나 더
충성을 하느냐, 열심을
내느냐의 문제가
아닙니다. 믿음의 초점은
하나님에 대해서 정확하게
아는 것입니다.

──────── 사도행전 27장에서 바울은 체포가 되어 로마로 가기 위해 배를 탔습니다. 앞으로 가야 할 길은 굉장히 멀고 험합니다. 작은 배를 타고 무라라는 항구에 도착해 지중해 한복판을 지났고, 이탈리아 로마까지는 큰 배로 갈아타야 했습니다. 갈아 탄 배는 알렉산드리아에서 온 무역선이었습니다. 당시 로마는 많은 전쟁을 했고, 그 때문에 배의 역할은 매우 중요했습니다. 군인들을 수송하거나 죄수들을 호송할 때는 상인과 협정을 맺어서 배를 이용하는 일이 종종 있었습니다. 바울의 호송도 그런 방식으로 이뤄졌습니다. 선원이 따로 있었지만 그러한 배는 군인들이 장악했습니다. 죄수들이 타기 때문에 선장이 지휘권을 가지면 배를 통제할 수 없기 때문입니다.

그런 상황에서 바울이 손을 들고 나섰던 것입니다. "여러분, 긴히 할 말이 있습니다. 시기적으로 보아 지금은 항해에 적합한 때가 아닙니다." 바울은 이 뱃길을 13차례 정

바울의
항해 연기
제안

도 왕래한 경험이 있습니다. 고린도후서에서는 바울이 탄 배가 세 번이나 파선을 당했다고 밝힙니다. 바다에서의 항해는 바울이 누구보다 잘 알고 있습니다. "이제 곧 겨울이 다가옵니다. 그러면 이 바다가 굉장히 험해지는데, 좀 시간이 걸리더라도 여기에 몇 달 머물다가 다시 항해 합시다." 바울이 이렇게 제안했습니다. 하지만 그는 지금 미결수의 신분입니다. 범법자들과 똑같은 취급을 당하는 죄수였습니다.

배 안에는 백부장과 호송을 맡은 군인들, 해외 주둔을 끝내고 로마로 돌아가는 군인들, 무역상인들, 여행객들 그리고 죄수들이 타고 있습니다. 죄수들은 로마에 도착하면 최종판결을 받고 원형경기장에 던져져 로마 시민들의 눈앞에서 죽을 운명에 처한 자들입니다. 그런 죄수 중 하나인 바울이 항해를 연기할 것을 주장합니다. 당연히 바울의 제안은 묵살당합니다. 선장과 선주는 배에서 가장 영향력 있는 사람입니다. 지휘권을 가진 백부장은 당연히 선장과 선주의 말을 따릅니다. 일개 미결수 바울의 돌발 의견에 귀를 기울이지 않는 것은 당연합니다.

세상은 좀처럼 대의에 의해 움직이지 않습니다. 세상은

대세에 따라 움직입니다. 이 배도 마찬가지입니다. 항구가 많은 사람들을 수용하기에는 불편하니, 그리 멀지 않은 중간 기착지 뵈닉스를 향해서 그냥 가자는 것이 여론이었습니다.

> 남풍이 순하게 불매 그들이 뜻을 이룬 줄 알고 닻을 감아 그레데 해변을 끼고 항해하더니, 얼마 안 되어 섬 가운데로부터 유라굴로라는 광풍이 크게 일어나니(행 27:13-14).

이렇게 출항한 배가 남풍을 받고 순항합니다. 바람까지도 이 결정이 옳다는 듯 도와줍니다. 여론과 물주의 권한, 백부장의 주도권 아래 출항했는데 마침 순풍까지 불어준 것입니다. 그러나 얼마 안 가 광풍이 일어납니다. 이 '유라굴로'는 바람의 이름이 아니라 바람의 방향으로, 동풍을 뜻합니다. 그리고 '쿨라*kula*'는 라틴말로 북쪽에서 부는 바람이라는 뜻입니다. 다시 말해서 이것은 북동풍입니다. 순풍에 돛단 듯 미끄러지던 배에 북동풍이 불어왔습니다. 이때부터 상황은 급변합니다.

배가 밀려 바람을 맞추어 갈 수 없어 가는 대로 두고 쫓겨가다가 가우다라는 작은 섬 아래로 지나 간신히 거루를 잡아 끌어 올리고 줄을 가지고 선체를 둘러 감고 스르디스에 걸릴까 두려워하여 연장을 내리고 그냥 쫓겨가더니, 우리가 풍랑으로 심히 애쓰다가 이튿날 사공들이 짐을 바다에 풀어 버리고 사흘째 되는 날에 배의 기구를 그들의 손으로 내버리니라. 여러 날 동안 해도 별도 보이지 아니하고 큰 풍랑이 그대로 있으매 구원의 여망마저 없어졌더라(행 27:15-20).

불순종의 대가　　뜻하지 않은 광풍을 만나자 사람들은 선적했던 모든 상품과 물건들을 스스로 바다에 집어던집니다. 광풍은 물질의 손실에만 그치는 게 아닙니다. 이제는 사람의 생명을 위협합니다. "구원의 여망이 없어졌더라"고 성경은 이 상황을 정리합니다. 이때 바울은 침묵합니다. 그리고 위기가 최고에 달했을 때, 드디어 바울이 등장합니다.

여러 사람이 오래 먹지 못하였으매 바울이 가운데 서서 말하되, 여러분이여 내 말을 듣고 그레데에서 떠나지 아니하여 이 타격과 손상을 면하였더라면 좋을 뻔 하였느니라. 내가 너희를 권하노니 이제는 안심하라. 너희 중 아무도 생명에는 아무런 손상이 없겠고 오직 배뿐이리라(행 28:21-22).

바울은 살 소망이 없어진 상태가 되어서야 구부정한 허 **바울의 당부** 리를 펴고 청중들 가운데 서서 안심할 것을 당부합니다. 이 위기의 상황에서 아무도 생명을 잃지 않을 것이라 선언합니다. 이때부터 배의 주도권이 바울에게로 넘어갑니다. 바다는 계속 요동치고, 상황은 나빠질 대로 나빠졌는데, 백부장을 중심으로 하나둘 바울의 말을 듣기 시작합니다.

열나흘째 되는 날 밤에 우리가 아드리아 바다에서 이리저리 쫓겨가다가 자정쯤 되어 사공들이 어느 육지에 가까워지는 줄을 짐작하고, 물을 재어보니 스무 길이 되고 조금 가다가 다시 재니 열다섯 길이라. 암초에 걸릴까 하여 고물로 닻 넷을 내리고 날이 새기를 고대하니라. 사공들이 도망하고자 하여 이물에서 닻을 내리는 체하고 거룻배를 바다에 내려놓거늘, 바울이 백부장과 군인들에게 이르되 이 사람들이 배에 있지 아니하면 너희가 구원을 얻지 못하니라 하니, 이에 군인들이 거룻줄을 끊어 떼어 버리니라(행 27:27-32).

이런 큰 배는 조그만 거룻배(작은 배)를 매달고 다닙니다. 위험한 상황이 닥치면 거룻배를 타고 탈출하고 큰 배를 버립니다. 선원들이 가만히 사태를 보니 이 배에는 희망이 보이지 않았습니다. 거룻배를 살살 내려 자기네들끼리 떠나려는 것을 바울에게 들켰습니다. 바울이 백부장과 군인들을 불러다가 "저 사람들 이 배를 떠나면 다 죽습니다. 못 떠나게 하십시오"라고 건의하자 군인들이 거룻줄을 끊어 거룻배를 바다에 버립니다. 바울의 말에 백부장과 군인들도 따르게 되었습니다.

이뿐 아닙니다.

음식 먹기를 권하노니 이것이 너희의 구원을 위하는 것이요. 너희 중 머리카락 하나라도 잃을 자가 없으리라 하고 떡을 가져다가 모든 사람 앞에서 하나님께 축사하고 떼어 먹기를 시작하매 그들도 다 안심하고 받아 먹으니(행 27:34-36).

그들은 불과 2주 전까지만 해도 바울의 외침을 냉정하게 무시했습니다. 그러나 이제 백부장과 군인뿐 아니라 배에 탔던 276명의 모든 사람이 바울의 말에 따라 움직입니다.

폭풍우를 기점으로 생긴 변화입니다. 폭풍우의 상황은 달라지지 않았습니다. 배는 여전히 위험합니다. 그런데도 사람들은 바울의 말에 설득당해 순종하고 있습니다.

세상은 이 배와 같습니다. 각양각색의 사람들이 이 배에 꿈을 싣고 로마로 향합니다. 군인은 해외주둔을 끝내고 본대에서의 승진을 꿈꾸고, 상인은 이익을 남길 희망에 부풀어 있고, 여행객은 각각의 목적에 따라 로마를 상상합니다. 이렇게 각자의 꿈을 실은 배가 폭풍우 앞에 서면 눈에 보이는 이익을 버리게 만듭니다. 구원의 여망까지 없어질 때, 취급조차 않던 미결수 한 사람의 가녀린 외침이 엄청난 굉음으로 귓전을 때리기 시작합니다. 바울이 무슨 근거로 폭풍우 가운데 외칠 수 있었을까요? ^{배와 같은 세상}

사도행전 말씀을 다시 살펴보겠습니다.

내가 너희를 권하노니 이제는 안심하라. 너희 중 아무도 생명에는 아무런 손상이 없겠고 오직 배뿐이더라. 내가 속한 바 곧 내가 섬기는 하나님의 사자가 어제 밤에 내 곁에 서서 말하되 바울아 두려워하지 말라. 네가 가이사 앞에 서야 하겠고, 또 하나님께서 너와 함께 항해하는 자를 다 네게 주셨

다 하였으니 그러므로 여러분이여 안심하라. 나는 내게 말씀
하신 그대로 되리라고 하나님을 믿노라(행 27:22-25).

취해야 할 것들   여기서 우리가 반드시 낚아야 할 것은 '하나님을 믿노라'
하는 바울의 외침입니다. 한국 교회는 지금까지 성도들에
게 믿음은 곧 충성이라는 간단한 도식으로 믿음을 설명해
왔습니다. 물론 열심과 충성은 신앙생활에서 우리가 마지
막으로 도달해야 할 결론입니다. 문제는 이 결론에 이르는
과정을 선명하게 하는 것입니다.

만약 이 과정을 생략하고 열심을 다하는 것, 그리고 충성
된 싸움뿐인 신앙만 있다면 교회는 피곤해집니다. 이런 구
도 아래서는 유능과 무능, 필요한 사람과 불필요한 사람으
로 갈라집니다.

하나님이 인생을 구속하시고 불러주신 이유가 유능한 사
람과 무능한 사람, 혹은 필요한 사람과 불필요한 사람을 구
분하기 위해서일까요? 믿음은 누가 얼마나 더 충성을 하느
냐, 열심을 내느냐의 문제가 아닙니다. 믿음의 초점은 하나
님에 대해서 정확하게 아는 것입니다. 우리는 믿음을 내가
얼마나 열심히 믿느냐 하는 문제로 생각합니다. 충성하지

못하면 좌절하고, 좌절은 스스로를 쓰러지게 합니다. 자신의 열심과 충성과 지성과 노력에 신앙의 기초를 두고 있기 때문에 믿음이 그런 식으로 표현되는 것입니다.

호세아서 6장 6절을 보십시오. "나는 인애를 원하고 제사를 원하지 아니하며 번제보다 하나님을 아는 것을 원하노라." 제사를 원하지 않는다는 말은 제사가 무용하다는 뜻이 아닙니다. 하나님의 실존과 그가 하시는 일의 목적, 그리고 그분의 성품을 아는 것에 신앙의 기초를 두어야 한다는 뜻입니다. 우리가 연약해도, 실패해도, 그래서 부족하다 느낄지라도 다시 일어설 수 있는 것은 믿음의 기초가 하나님께 있기 때문입니다. 하나님은 어떠한 순간에도 우리를 포기하지 않으십니다. 열 번, 아니 백 번을 넘어져도 다시 일으키는 분이 하나님이십니다.

바울이 어떠한 역경 속에서도 담대히 선언할 수 있었던 것은 바울의 강인한 특성 때문이 아니라 그가 하나님이 어떤 분인가를 알았기 때문입니다. 바울의 믿음의 근본은 철저하게 '하나님을 아는 지식'에 있었던 것입니다. 하나님은 우리가 얼마나 열심히 했느냐 하는 데 관심을 두지 않습니다.

하나님이 보실 때, 우리는 모두 동일한 존재입니다. 정말 중요한 것은 하나님의 말씀에 기초해 하나님의 하나님 되심에 대해 얼마나 잘 알고 있는가 하는 것입니다. 우리는 하나님의 심정을 알아가는 일에 목숨을 걸어야 합니다.

예배자가 걷는 길 1. 세상은 정의와 인류애를 말하다가도 결국은 어떤 선택을 하는 쪽으로 기웁니까?

2. 미결수 바울은 무엇을 근거로 선원과 배에 탔던 죄수들의 안전을 보장했습니까?

3. 이 사건이 우리에게 주는 도전과 요구는 무엇입니까?

예배자가 읽는 책 로버트 뱅크스Robert Banks의 《믿음법칙Faith in leadership》의 일독을 권합니다. 신앙인이 직장에서 붙잡아야 할 원리와 법칙들, 처음에는 비웃음을 사도 결국 의를 드러낼 소중한 원칙을 전합니다.

더불어 고 장영희 교수의 여러 에세이들도 추천합니다. 그녀가 건드리고 있는 삶의 원칙, 꿈, 소신, 정의에 관한 대목들을 찾아 읽으면 좋을 것 같습니다.

의롭게 된 사람은 믿음으로 산다!

리처드 도킨슨의 《만들어진 신》이라는 책이 나와 큰 반향을 일으켰던 때가 있었습니다. 어떤 사람은 이 책의 내용이 독신(瀆神)적이라 출간한 출판사의 책들을 구매 거부해야 한다며 열을 올리기도 했습니다. 그러나 저는 이 책을 읽고 저자에게 (아주 역설적인 의미에서) 두 가지 감사했습니다. 첫째, 그는 자기도 모르는 사이에 그리스도인들에게 성경적 신앙이 아닌 인간의 신념·맹신·광신을 버리라고 요구했습니다. 둘째, 저는 이 책이 무신론의 손을 들어줬다고 생각하지 않습니다. 이 책의 결론을 나름 요약해봤습니다. "하나님이 없다는 신념도, 있다는 신념도 증명할 수 없다. 유신론도 무신론도 다 믿음의 문제이다." 일차적으로 이 말은 옳다고 생각합니다. 하나님은 살아 계시고, 우리를 위하여 일하신다는 명제는 과학적 증명, 객관적 입증의 대상이 아니라 '믿음'으로 획득하고 믿음 안에서만 타당성을 얻는 것이기 때문입니다.

하지만 제가 '일차적으로'라고 단서를 단 데는 다른 중요성이 있다는 뜻입니다. 우리가 하나님을 '믿음'으로 알지만, 이 믿음이 기반이나 근거 위에서 만들어지지 않았다면 결국 우리의 믿음은 다시 맹신과 광신, 종교적 신념의 수준으로 격하되고 맙니다.

우리 믿음의 기반과 근거는 무엇입니까? 성경은 믿음의 근원을 철저하게 하나님의 계시에 둡니다. 우리의 묵상이나 정리가 아니라, 하나님이 드러내신 엄청난 사건이 있었기에 우리가 믿을 수 있게 되었습니다. 하나님을 알 수 있는 유일한 도구인 '믿음'의 단면을 보니, 그곳엔 우리의 노력, 성찰, 반성, 이론화, 관조, 철학이 있는 것이 아니라, 하나님의 진심어린 마음이 있더라는 것입니다.

따라서 우리는 믿음을 가능하게 한 '계시'의 정당성, 진리성, 역사성을 심각하게 따져보고 묵상해야 합니다. 믿음은 이미 믿고 있는 우리에게조차 가끔씩 이해되지 않을 때가 있지만, 믿음을 세우는 토대에 풍성한 메시지와 진리가 들어 있다면 그것은 정당하고, 합당하며, 정직하고, 실재적인 것입니다.

　바울은 로마서의 서론에서 현실(이방인, 유대인을 막론하고 죄아래 팔린 비참한 현실, 죄에 내린 하나님의 엄혹한 진노와 저주)에 앞서 자기 복음의 결론부터를 꺼내놓았습니다. "내가 복음을 부끄러워하지 아니하노니 이 복음은 모든 믿는 자에게 구원을 주시는 하나님의 능력이 됨이라. 첫째는 유대인에게요 또한 헬라인에게로다. 복음에는 하나님의 의가 나타나서 믿음으로 믿음에 이르게 하나니 기록된바 오직 의인은 믿음으로 말미암아 살리라 함과 같으니라"(롬1:16-17). 이 짧은 구절에는 다음과 같은 사실이 포함되어 있습니다.

1. 복음에는 하나님의 의가 나타나 있다. 하나님을 버리고 떠난 인간을 다시 자신의 품으로 돌아오게 하시는 방안, 지혜, 능력이 있으신 분이 바로 우리가 믿는 하나님이십니다. 예수 그리스도의 복음에는 바로 이런 하나님의 성품과 속성이 고스란히 나타나 있습니다.

2. 이 복음을 믿을 때 구원 능력이 발휘된다. 복음은 허공에 걸려 있는, 그러나 나와는 상관없는 붕 떠 있는 의미의 현수막이

아닙니다. 선포된 복음을 믿을 때 구원의 효력이 발생합니다. 물론 이 믿음조차도 우리에게서 나오는 것은 아닙니다. 선물로 주신 이 믿음을 우리는 감사히 받아 활용하는 의지를 발휘해야 합니다.

3. 믿음은 전진하고 진보한다. "믿음으로 믿음에 이르게 한다"는 말은 믿음이 자꾸 커지고 늘어난다는 뜻이기도 하고, 초지일관 믿음으로 시작해서 믿음으로 끝난다는 뜻이기도 합니다. '일단 믿음으로 구원받았으니, 이제 뭔가 내놔 봐' 하며 행위를 강요당한다고 생각할 때가 있습니다. 물론 우리는 믿음의 결과로서 의의 열매를 맺어야 하는데, 이것은 어디까지나 '결과'이지 믿음을 담보로 주어야 할 조건은 아닙니다.

4. 의인은 믿음으로 산다. 바울은 "의인이 어디 있나?"(롬 3:10)라고 묻습니다. 우리에게는 하나님이 인정하실 만한 의가 없습니다. 이런 의는 처음부터 끝까지 하나님으로부터 옵니다. 의롭게 된 이후에는 더더욱 우리를 떠나고 버리지 않으시는 하나님을 믿음으로 살아야 합니다.

히브리서 몇 군데의 본문, 그리고 사도행전의 여러 본문들에서 믿음의 본질과 그것이 나타나는 구체적인 모습을 살펴보았습니다. 설교를 책으로 풀어내는 작업의 한계로 인한 부족한 점은 모두 저의 몫입니다. 이 작은 책이 믿음의 근원 되시고 완성이 되신 예수와, 그분이 하신 일을 묵상하는 데 도움이 되기를 바랍니다.